DC PRIDE™
VIELFALT DER LIEBE

Christopher Cantwell
Kevin Conroy
Al Ewing
Dani Fernandez
Meghan Fitzmartin
Devin Grayson
Phil Jimenez
Travis Moore
Grant Morrison
Stephanie Phillips
Alexis Quasarano
Nadia Shammas
Ro Stein & Ted Brandt
Ngozi Ukazu
Jarrett Williams
Leah Williams
Alyssa Wong
STORY

J. Bone
Stephen Byrne
Samantha Dodge
W. Scott Forbes
Paulina Ganucheau
Alberto Jimenez
Alburquerque
Bruka Jones
D.J. Kirkland
Giulio Macaione
Travis Moore
Belén Ortega
Skylar Patridge
Nick Robles
Max Sarin
Hayden Sherman
Ro Stein & Ted Brandt
Zoe Thorogood
Ngozi Ukazu
ZEICHNUNGEN

Enrica Angiolini
J. Bone
Tamra Bonvillain
Stephen Byrne
Triona Tree Farrell
Nick Filardi
W. Scott Forbes
Paulina Ganucheau
Luis Guerrero
Dearbhla Kelly
D.J. Kirkland
Jeremy Lawson
Marissa Louise
Giulio Macaione
Alejandro Sánchez
Ro Stein & Ted Brandt
Ngozi Ukazu
FARBEN

Carolin Hidalgo
ÜBERSETZUNG

Walproject
LETTERING

Kevin Wada
ORIGINAL-COVER

Jessica Chen
Chris Conroy
Alex Galer
Katie Kubert
Michael McCalister
Ben Meares
Andrea Shea
Arianna Turturro
Dave Wielgosz
REDAKTION USA

DIE „PROGRESS PRIDE"-FAHNE IM DC-LOGO WURDE VON **DANIEL QUASAR** ENTWORFEN.

BATMAN GESCHAFFEN VON **BOB KANE** MIT **BILL FINGER**.

SUPERMAN GESCHAFFEN VON **JERRY SIEGEL** UND **JOE SHUSTER**.
MIT BESONDERER GENEHMIGUNG DER **JERRY SIEGEL**-FAMILIE.

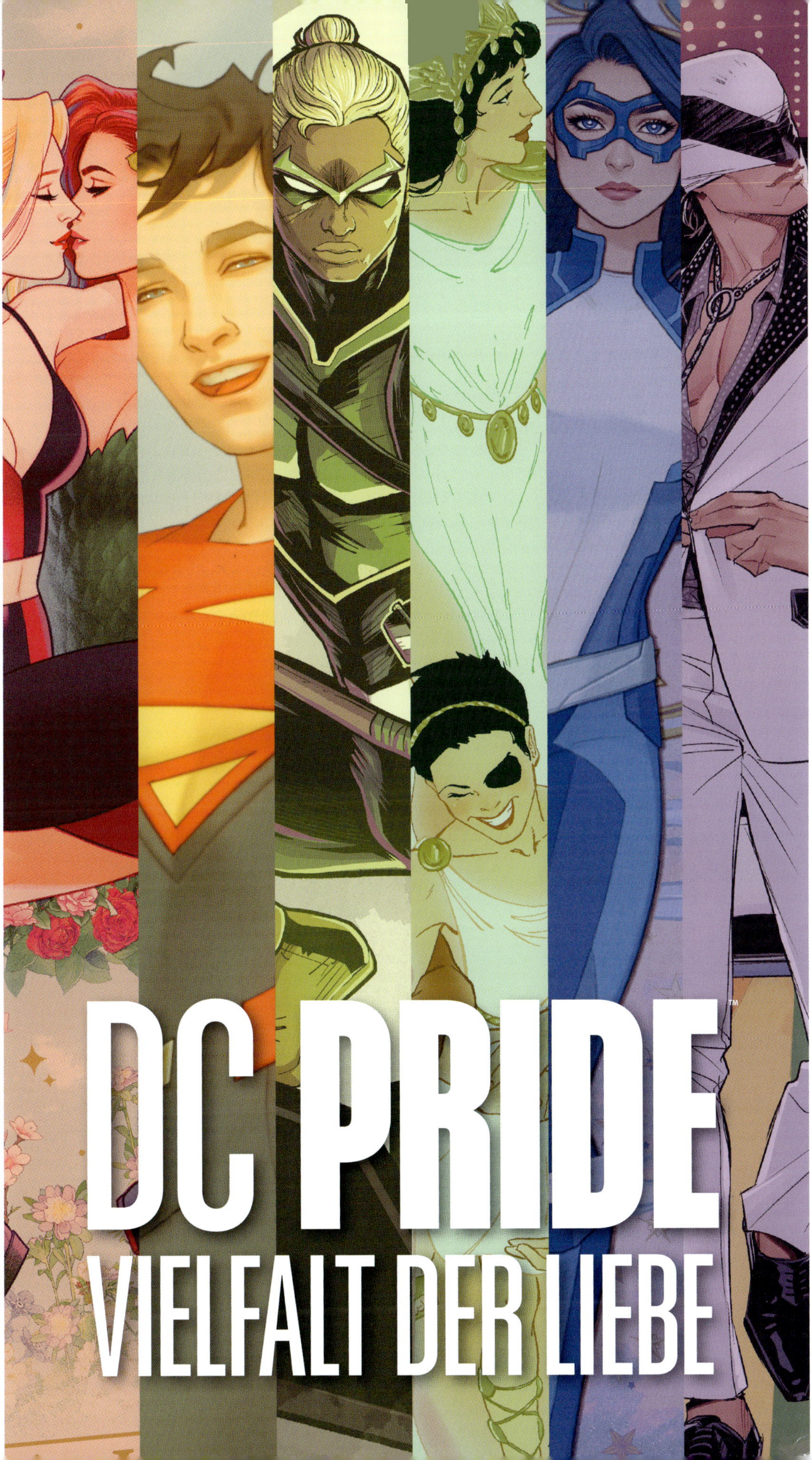
DC PRIDE™
VIELFALT DER LIEBE

DIE SUPERKRAFT DER DIVERSITÄT!

Unsere Welt ist bunt und vielfältig. Eine Tatsache, die sich auch auf den farbenfrohen Comic-Seiten der Superhelden und Superheldinnen des DC-Universums widerspiegelt. Neben altbekannten Größen wie **Batman**, **Superman** und **Wonder Woman** tummeln sich hier deren Kinder und Epigonen, Held*innen einer neuen Generation, die ihre Diversität freudvoll und stolz ausleben. Schwule und bisexuelle Figuren gehören ebenso zur Landschaft der DC-Helden wie transgender oder nicht binäre Charaktere. Einige davon, wie Supermans Sohn **Jon Kent**, Batmans Schützling **Tim Drake** (alias **Robin**) oder **Gothams** Beschützerin **Batwoman** sind den Leser*innen bereits bestens bekannt. Auch **Jackson Hyde**, der als neuer **Aquaman** die Weltmeere beschützt, oder der unfehlbare Bogenschütze **Connor Hawke**, Sohn des ersten **Green Arrow**, gehören wie das süße Liebespaar **Harley Quinn** und **Poison Ivy** fest zum DC-Inventar. Ein fast vergessener Held ist der Außerirdische **Mikaal**, der auf der Erde in die Ahnenreihe der **Starmen** aufgenommen wurde. Seit Neuestem zählt auch **Crush**, die Tochter des abgerockten intergalaktischen Kopfgeldjägers **Lobo**, zur Riege der LGBTQ+-Held*innen. Und auch auf den Parallelerden des **Multiversums** erblüht Liebe in all ihrer Vielfalt, so auch auf **Erde 36**, auf der das Superhelden-Team **Justice 9** beheimatet ist, dem die verliebten Helden **Flashlight** und **Red Racer** angehören. Ein besonderes Kapitel ist in diesem Band **Kevin Conroy** gewidmet, der Stimme von Batman aus den TV-Cartoon-Serien, der sehr offen seine ganz persönliche Geschichte als schwuler Darsteller in Hollywood erzählt.

Christian Heiß

DC PRIDE: VIELFALT DER LIEBE erscheint bei **PANINI COMICS**, Schloßstraße 76, D-70176 Stuttgart. gpsr@panini.de. Druck: Tecnostampa srl - Pigini Group - Loreto - Trevi. Pressevertrieb: Stella Distribution GmbH, D-22297 Hamburg. Direkt-Abos auf **www.paninicomics.de**. Geschäftsführer **Hermann Paul**, Publishing Director Europe **Marco M. Lupoi**, Finanzen/Logistik **Felix Bauer**, Marketing Director **Holger Wiest**, Marketing **Thorsten Kleinheinz**, Vertrieb **Alexander Bubenheimer**, PR/Presse **Steffen Volkmer**, Publishing Manager **Lisa Pancaldi**, Redaktion **Tommaso Caretti**, **Christian Heiß**, **Elena Pizzi**, **Monika Trost**, **Daniela Uhlmann**, **Mathias Ulinski**, Übersetzung **Carolin Hidalgo**, Proofreading **Enza Ceraudo**, Lettering **Walproject**, grafische Gestaltung **Rudy Remitti**, **Nicola Spano**, Art Director **Alessandro Gucciardo**, Redaktion Panini Comics **Annalisa Califano**, **Beatrice Doti**, Prepress **Francesca Aiello**, **Andrea Bisi**, Repro/Packager **Alessandro Nalli** (coordinator), **Anna Boselli**, **Mario Da Rin Zanco**, **Valentina Esposito**, **Luca Ficarelli**, **Linda Leporati**. Cover von **Kevin Wada**, *DC Pride: 2024* 1. Variant-Cover von **Travis Moore**, *Tim Drake: Robin* 10 Variant.

Digitale Ausgaben:
ISBN 978-3-7569-2057-0 (.pdf) / ISBN 978-3-7569-2058-7 (.epub) / ISBN 978-3-7569-2059-4 (.mobi)

Bibliografische Information der Deutschen Nationalbibliothek
Die Deutsche Nationalbibliothek verzeichnet diese Publikation in der Deutschen Nationalbibliografie; detaillierte bibliografische Daten sind im Internet über dnb.d-nb.de abrufbar.

FSC www.fsc.org MIX Paper | Supporting responsible forestry FSC® C115044

VORWORT von PHIL JIMENEZ

Ich sitze hier in meinem Lieblingsrestaurant in Provincetown, Massachusetts - eine queere Kolonie voller Künstler*innen auf einer Insel am Ende der Welt - bin aber, was den Ton des Textes angeht, noch hin- und hergerissen. Er wird in einer Comic-Anthologie gedruckt, die queere Lebensfreude und Errungenschaften feiert, veröffentlicht von einem großen Verlag mit globaler Reichweite und doch ist die politische Landschaft, in der sie existiert, zunehmend düster geworden.

Das Jahr 2023 war ein Rekordjahr für Anti-LGBTQ-Gesetzesvorlagen in den Vereinigten Staaten. Fast 400 Gesetze wurden in mehreren Staatsparlamenten eingeführt, die Genderidentität angreifen, Transpersonen den Zugang zum Gesundheitssystem verweigern und junge queere Leute davon abhalten, Sportteams beizutreten, neben etlichen weiteren Problemen. In manchen Staaten sind die Anti-Drag-Gesetze so streng, dass ein Zuwiderhandeln mit bis zu sechs Jahren Gefängnis bestraft werden kann.

Es gibt immer mehr Hassverbrechen. Ein amerikanischer Politiker hat offen dafür plädiert, Transgender-Menschen aus der Existenz zu tilgen. Diese Formulierung ist nicht übertrieben.
Ich arbeite in einem Genre, das oft und laut über Gerechtigkeit und Heroismus spricht. Das erste Superheldenteam von DC Comics war die Justice Society of America und das erste Team im modernen Zeitalter ist die Justice League of America - Titel, die große Erwartungen wecken, was ihre Mitglieder und Geschichtenerzähler betrifft.

Es ist so gut wie unmöglich, Held*innen wie die JLA oder JSA - oder andere Figuren aus DCs unglaublicher Figurenbibliothek - zu schreiben oder zu zeichnen, ohne sich tagtäglich mit dem Konzept von Gerechtigkeit auseinanderzusetzen, und was es heißt, heldenhaft zu handeln, insbesondere in Situationen mit zwei gleichermaßen unerwünschten Ergebnissen. Was bedeuten diese Konzepte für uns persönlich und durch die Linse der Figuren, die wir beauftragt wurden zu leiten, zu formen und zu beschützen?

Ich denke oft über queere Repräsentation in Comics nach und wie das in und außerhalb dieses Universums aussehen würde. Ist Erde Prime des DCU ein freundlicherer Ort für queere Menschen? Werden in einer Welt mit einem Superman und einer Wonder Woman auch hunderte von Anti-LGBTQ-Gesetze verordnet?

Was tun queere Held*innen und Schurk*innen auf dieser Erde, um andere LGBTQ-Leute und deren Rechte zu schützen? Formen sie die Welt, in der sie leben, zu einem queer-freundlicheren Ort? Oder haben die Justice League, die Titans, das Green Lantern Corps, die Outsiders und die Global Guardians und so viele andere diese Welt queerfreundlicher gemacht, nur indem sie in ihr leben? Ist ihre Existenz in diesem Universum genug? Und würde das Streben nach Gerechtigkeit für alle Leute dieser Welt wie Aktivismus wirken?

Und was bedeutet „queer" oder „queer-repräsentativ" überhaupt in einem Genre, das sowieso schon ausgesprochen queer ist, trotz verschiedener Versuche über die Jahre, diese Werte zu minimieren oder zu verstecken? Wer ist queer in einem Universum voller bunter, überlebensgroßer Wesen mit fremdartigen Namen (wie Drag Queens) in einem Universum, das herausfordernd hoffnungsvoll, verblüffend und sogar absurd ist, und wo „Gerechtigkeit für alle" so unglaublich viel Gewicht hat?

Ich stocke erneut, während ich dies schreibe, und meine Gedanken wandern zu meinen Redakteur*innen und Herausgeber*innen bei DC Comics, die diesen Band über queere Freude und Stolz nicht nur unterstützen, sondern auch viel aus ihren Herzen und Leben hineingegeben haben, weil sie daran glauben, die Welt zu einem besseren, gütigeren Ort machen zu können, der für alle Menschen und deren Erfahrungen offen und repräsentativ ist.

Ihr Engagement für solch eine Welt macht sie für mich zu Held*innen. Ihr Glaube an Gerechtigkeit für alle macht sie zu Held*innen für mich. Ihre Unterstützung und Anerkennung für mich hat mein Leben unendlich viel besser gemacht und macht sie zu Held*innen für mich.
Und so fühle ich mich seit über 25 Jahren. Ich habe viele Male öffentlich und privat gesagt, dass mein Coming-out und Werdegang bei DC Comics die wundervollste, ermutigendste Erfahrung war, die ich mir je hätte vorstellen können. Ohne diesen Verlag, diese Figuren und vor allem die Unterstützung und Liebenswürdigkeit der Leute, die dort arbeiten, wäre

ich heute nicht der, der ich bin.
Sie ließen mich einfach sein, wer ich bin.

Und ich liebe es, schwul zu sein. Gott, ich liebe es.

Für viele, queer oder nicht, mag meine Verkündung seltsam klingen. Für manche kann es sich wie eine Last anfühlen, schwul zu sein. Für andere ist es eine sexuelle Identität und sonst nichts. Aber für mich durchdringt es alles, was ich tue.

Ich unterteile meine sexuelle Orientierung nicht wie so mancher anderer. Ich wüsste nicht mal, wie. Meine Orientierung ließ mich seit dem Tag meiner Geburt anders sein. Ich war mir dessen bewusst, hatte aber als Kind nicht die Möglichkeit, es auszudrücken. Doch ich knüpfte Beziehungen, traf Lebensentscheidungen und investierte in Geschichten (inklusive derer, die in Comics erzählt wurden), suchte mir aus, wo ich leben wollte, und sogar wie ich meinen Körper benutzte, um in dieser Welt zu navigieren, wegen diesem Gefühl der Andersartigkeit, das für mich in meinen sexuellen und romantischen Wünschen verwurzelt war. Es führte auch zu meiner Sehnsucht, mich mit einer Weltansicht zu verbinden, die noch unfertig, aber dennoch erstaunlich ausgereift war.

Ich witzle gerne, dass ich ein „professioneller Schwuler" bin. Anscheinend war ich der erste Mainstream-Superheldenkünstler, der sich öffentlich outete (sicher nicht der erste Out-Künstler in unserem Geschäft, es gab andere, wichtigere Wegbereiter*innen als mich), aber ohne DC Comics hätte ich nicht das Leben, das ich jetzt habe. Schwul zu sein, wurde ebenso Teil meiner professionellen wie meiner persönlichen Identität und verschaffte mir unendlich viele Möglichkeiten. Es hat mir mehr Türen geöffnet als geschlossen (falls überhaupt).
Ich liebe die Erfahrungen, die ich wegen meines Schwulseins hatte. Ich liebe die Menschen, die ich traf. Ich liebe es, die Welt durch die schräge, kaleidoskopische Linse queerer Andersartigkeit zu sehen. Ich habe nicht das Bedürfnis, anders zu sein, keinen Wunsch, etwas anderes zu sein als das, was ich bin. (Na ja, das stimmt nicht ganz. Wie so viele von uns wünschte ich, ich wäre größer.)
Letztes Jahr gewann ich zwei Eisner Awards für meine Arbeit an *Wonder Woman Historia: The Amazons*, geschrieben von der außergewöhnlichen Kelly Sue DeConnick. Dieser Comic ist queer und feministisch bis ins Mark, sowohl direkt als auch indirekt - wegen der Energien der Queerness und des Frauentums der Schöpfer*innen und Redakteur*innen, die ihn schufen (und unserer Unterstützer*innen).
Während meiner Dankesrede erzählte ich von einer Diskussion zwischen Kelly Sue und mir über das Wort „queer" und seine Implikationen. Ich benutze das Wort in einem breiteren Kontext als die meisten. Für mich ist es sowohl eine Lebensart als auch eine sexuelle Orientierung oder Gender-Identität. Es war Kelly Sue, die meinte, dass queer zu sein, die Weigerung wäre, „klein" zu sein, obgleich das so viele in der Welt von uns verlangen.
Mit *Historia* haben wir uns geweigert, klein zu sein, und blieben dem treu, wer wir sind. Dafür wurden wir unterstützt. Und wir schufen Kunst.

Tja, darum geht es also wohl in diesem Vorwort.

Ich hoffe, dass diejenigen unter euch, die sich je klein, ungesehen, ungehört, ignoriert oder gemobbt gefühlt haben, die unsere Botschaft lesen oder diese Anthologie lesen, ihre Kraft finden und den Raum einfordern, den sie in der Welt verdienen, mit einer Stimme, die komplett ihnen gehört und in einem Körper, mit und in dem sie sich wahrhaft wohlfühlen. Ich hoffe, diese Anthologie kann als Werkzeug der Kraft dienen, um sich gegen diejenigen zu behaupten, die verlangen, dass ihr still, unsichtbar, ungehört oder buchstäblich nicht existent seid.

Und falls ihr Leute kennt, die der Queerness von Orten widerstrebend gegenüberstehen - aus Angst oder Missfallen gegenüber Veränderung oder wegen tiefliegender Überzeugungen, deren Ursprung sie vielleicht nicht mal verstehen - oder diejenigen, die sich in einer Welt, die sich zu schnell verändert, unsicher und nicht mehr willkommen fühlen, bitte lasst sie wissen ...

Es ist genau das Gegenteil. Wir wollen nicht, dass sie sich klein fühlen. Glaubt mir.

Ich hoffe, diese Anthologie fühlt sich an wie eine Einladung, das Leben so zu erfahren, wie es queere Leute tun. Wir wollen, dass jeder Freude feiert, Schönheit hervorhebt und Frivolität akzeptiert. Alle sollen lieben dürfen, wen sie wollen. Alle sollen an Gerechtigkeit für alle glauben und dafür kämpfen. Wir wollen, dass jeder ein Held ist und das Gute und Wunderbare an Menschen feiert, die anders sind als sie selbst. Wir wollen, dass jeder die Welt ein wenig verdreht sieht, ein wenig schräg, was sehr transzendent sein kann, wenn man es zulässt. Ein wenig oder auch mehr.

Die Transzendenz des Gewöhnlichen - darum geht es beim Queersein.

Phil Jimenez
Mai 2023

DC PRIDE 2022 #1
Cover von PHIL JIMENEZ und ARIF PRIANTO

DC PRIDE 2022 #1
Variant-Cover von JEN BARTEL

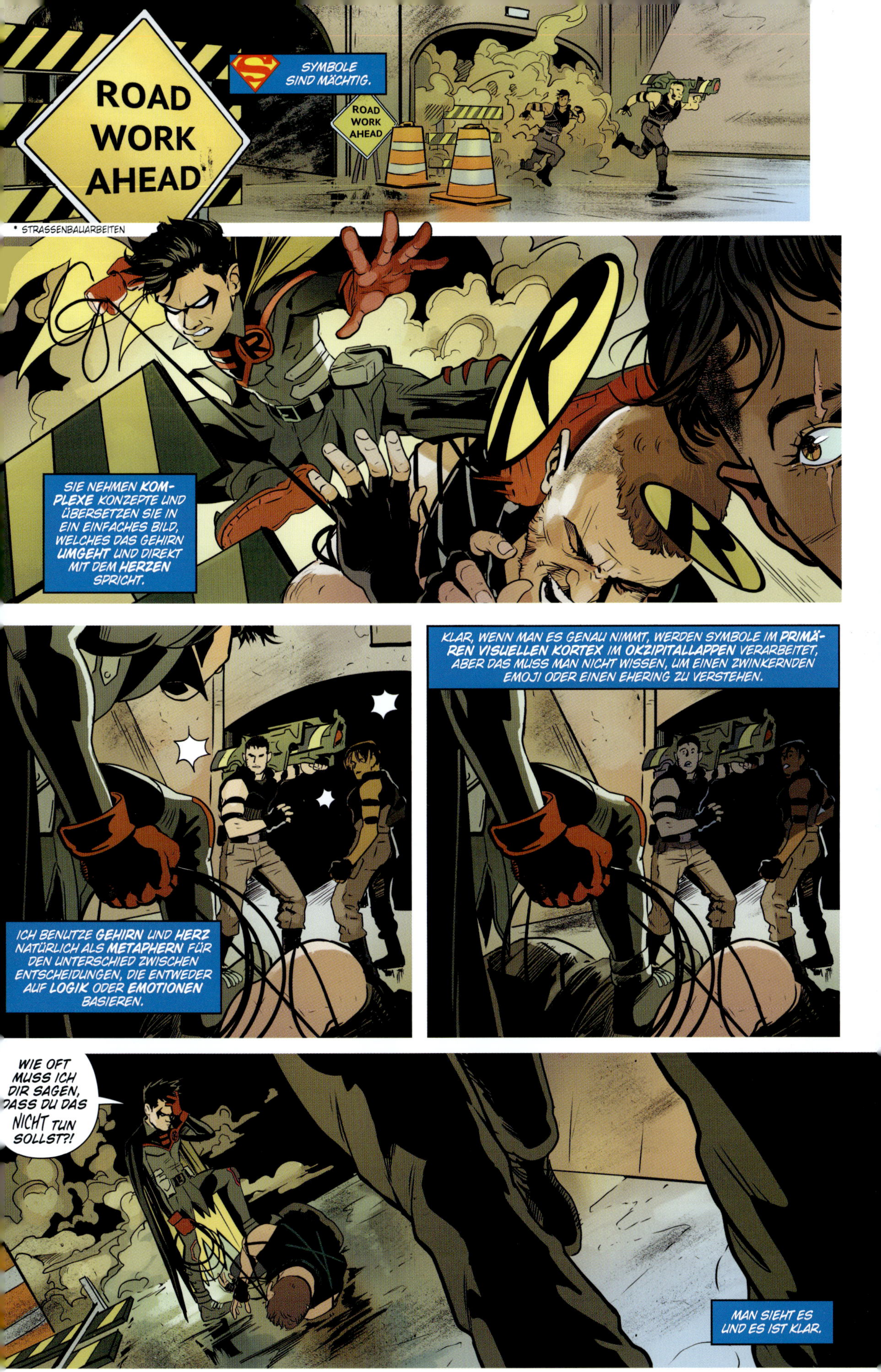

ROAD WORK AHEAD
SYMBOLE SIND MÄCHTIG.
ROAD WORK AHEAD
* STRASSENBAUARBEITEN
SIE NEHMEN KOMPLEXE KONZEPTE UND ÜBERSETZEN SIE IN EIN EINFACHES BILD, WELCHES DAS GEHIRN UMGEHT UND DIREKT MIT DEM HERZEN SPRICHT.
ICH BENUTZE GEHIRN UND HERZ NATÜRLICH ALS METAPHERN FÜR DEN UNTERSCHIED ZWISCHEN ENTSCHEIDUNGEN, DIE ENTWEDER AUF LOGIK ODER EMOTIONEN BASIEREN.
KLAR, WENN MAN ES GENAU NIMMT, WERDEN SYMBOLE IM PRIMÄREN VISUELLEN KORTEX IM OKZIPITALLAPPEN VERARBEITET, ABER DAS MUSS MAN NICHT WISSEN, UM EINEN ZWINKERNDEN EMOJI ODER EINEN EHERING ZU VERSTEHEN.
WIE OFT MUSS ICH DIR SAGEN, DASS DU DAS NICHT TUN SOLLST?!
MAN SIEHT ES UND ES IST KLAR.

SYMBOLE ERZÄHLEN AUGENBLICKLICH GESCHICHTEN.
ICH HATTE SIE DORT, WO ICH SIE WOLLTE!
SORRY, ROBIN, WOLLTE DIR NICHT DEINEN MASTERPLAN VERSAUEN.
KATHOOOOM
ABER BEI DER BEDEUTUNG IST MAN SICH NICHT IMMER EINIG.
DENN DIE BEDEUTUNG EINES SYMBOLS KANN SICH MIT DEM BETRACHTER VERÄNDERN.
BOOOOOOM
UND NATÜRLICH MIT DEM TRÄGER.

WIE DAS „S" AUF MEINER BRUST.
HIER AUF DER ERDE ASSOZIIEREN ES DIE LEUTE MIT SUPERMAN.
-TS!- NIE HÖRT ER ZU ...
AUF KRYPTON ABER WAR ES DAS FAMILIENWAPPEN FÜR DAS HAUS EL--
DANKE, SUPERMAN.
UND DAS KRYPTONISCHE SYMBOL FÜR HOFFNUNG.
WELCHEN TEIL VON „ICH HATTE SIE DORT, WO ICH WOLLTE", HAST DU NICHT KAPIERT? ALLES WAR UNTER KONTROLLE!
DAS WEISS ICH, ABER WIR SIND JETZT SCHON ZU SPÄT.
ICH HAB JAY VERSPROCHEN, WIR SIND MITTAGS DORT, MÜSSEN UNS ABER NOCH FERTIG MACHEN.
ICH BIN FERTIG.

RAUCH-BOMBEN ZUR PERSONEN-LENKUNG.
DEHNBARES ELEKTRONETZ, UM STRASSEN ABZUSPERREN.
ELEKTROMAGNETI-SCHER PULSGENE-RATOR ZUR KOMMU-NIKATIONSSTÖRUNG. GASMASKEN ...
DAMIAN, NEIN!
WIR WOLLEN DIE PRIDE DOCH NICHT STOP-PEN!
WIR GEHEN, UM SIE ZU FEIERN!
KLAR, ABER WENN EINE VEREINIGUNG POLITISCH ANGEGRIFFEN WIRD, IST SIE AUCH FÜR DIREKTE ANGRIFFE VERWUNDBAR.
ICH GEHE NIRGENDWO UN-VORBEREITET HIN, JON.
JA, STIMMT. TUST DU ECHT NICHT.
UND ES STIMMT AUCH, DASS ES LEUTE IN DER LGBTQIA+ COMMUNITY GIBT, DIE WIRKLICH UM IHR LEBEN KÄMPFEN.
ABER ES GIBT ANDERE WEGE, UM ZU KÄMPFEN. UND HEUTE GEHT ES DARUM, ALS INDIVIDUEN PRÄSENT UND SICHTBAR ZU SEIN, UM DIE GANZE COMMUNITY ZU UNTER-STÜTZEN.
AUSSERDEM WERDE ICH NICHT DIE EINZIGE PERSON MIT KRÄFTEN SEIN. ES GIBT VIELE VON UNS!

HI, JAY.
ROBIN UND ICH MÜSSEN UNS NUR SCHNELL UMZIEHEN UND DANN KÖNNEN WIR ...
NA JA, WAS DAS ANGEHT ...
... ICH HAB DA WAS FÜR DICH.
EIN GESCHENK? WAS IST DER ANLA--
OH ...
... MEIN ...
... CAPE?
SIEH DIR DAS FUTTER AN.
GEFÄLLT'S DIR NICHT?
DAS IST ES NICHT, ABER ICH ...
... HATTE NICHT VOR, BEI DER PRIDE ALS SUPERMAN TEILZUNEHMEN.
WARUM NICHT?
ES WÄRE EIN STARKES ZEICHEN FÜR DIE COMMUNITY.
MAG SEIN, ABER ICH WEISS NICHT, WIE DAD ES FÄNDE, WENN ICH ALS SUPERMAN AUF EINEM PRIDE-PARADEWAGEN STÜNDE ...
ER WÜRDE ES LIEBEN, WEIL DU DU WÄRST ...

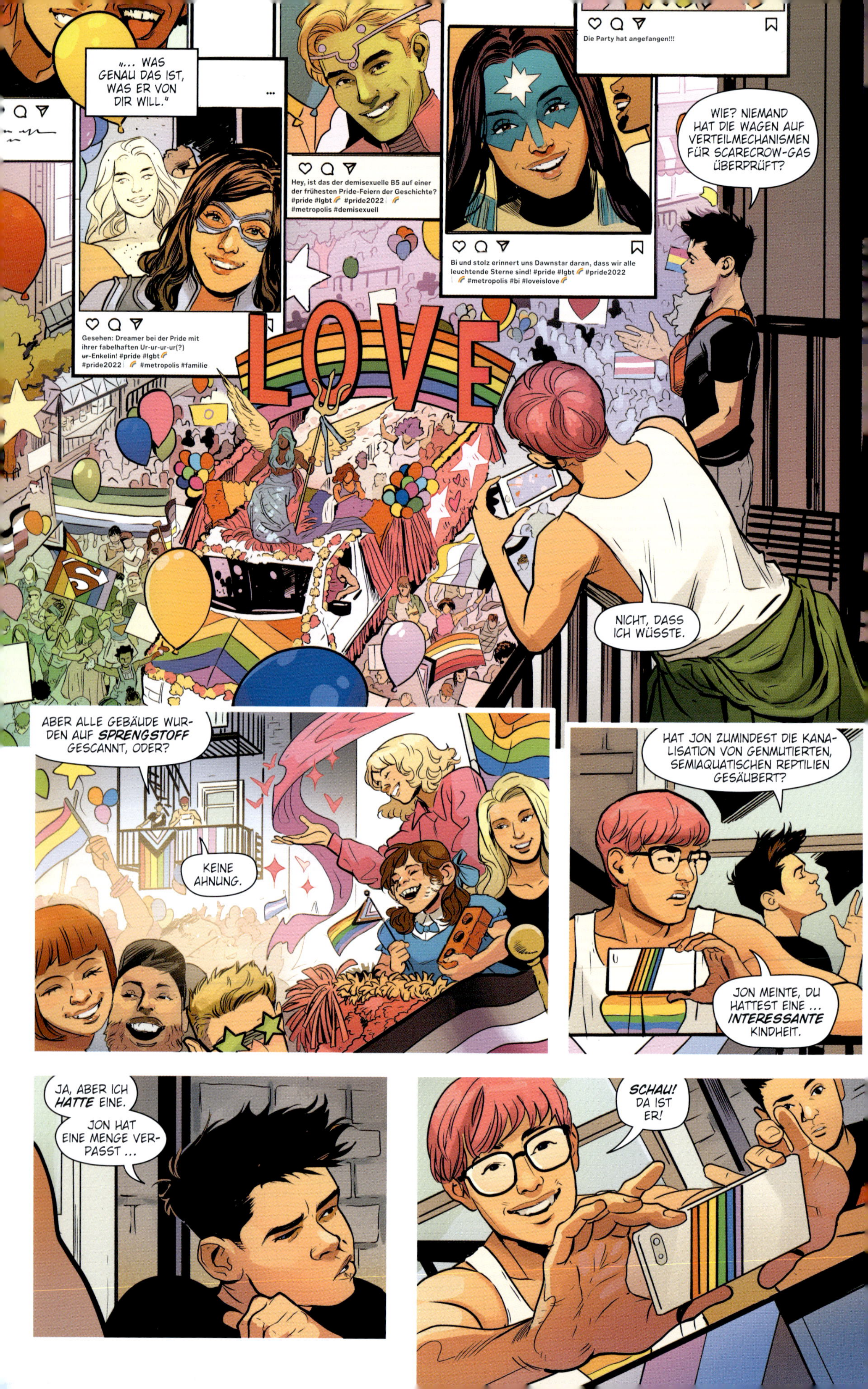

Die Party hat angefangen!!!
„... WAS GENAU DAS IST, WAS ER VON DIR WILL."
Hey, ist das der demisexuelle B5 auf einer der frühesten Pride-Feiern der Geschichte? #pride #lgbt #pride2022 #metropolis #demisexuell
Bi und stolz erinnert uns Dawnstar daran, dass wir alle leuchtende Sterne sind! #pride #lgbt #pride2022 #metropolis #bi #loveislove
WIE? NIEMAND HAT DIE WAGEN AUF VERTEILMECHANISMEN FÜR SCARECROW-GAS ÜBERPRÜFT?
Gesehen: Dreamer bei der Pride mit ihrer fabelhaften Ur-ur-ur-ur(?) ur-Enkelin! #pride #lgbt #pride2022 #metropolis #familie
LOVE
NICHT, DASS ICH WÜSSTE.
ABER ALLE GEBÄUDE WURDEN AUF *SPRENGSTOFF* GESCANNT, ODER?
KEINE AHNUNG.
HAT JON ZUMINDEST DIE KANALISATION VON GENMUTIERTEN, SEMIAQUATISCHEN REPTILIEN GESÄUBERT?
JON MEINTE, DU HATTEST EINE ... *INTERESSANTE* KINDHEIT.
JA, ABER ICH *HATTE* EINE.
JON HAT EINE MENGE VERPASST ...
SCHAU! DA IST ER!

ICH DENKE, FÜR MEINEN DAD IST DAS „S" ALL DIESE DINGE, ABER VOR ALLEM EINE ERINNERUNG AN SEIN VERSPRECHEN, DIE WELT DURCH ALLE SEINE TATEN ZU EINEM BESSEREN ORT ZU MACHEN.
SCHAU!
DA PASSIERT ETWAS!
SIEH AN! DU KANNST JA DOCH LÄCHELN!
UND JA, DAS IST BEUNRUHIGEND ...
FÜR MICH BEDEUTET ES ALLES, DEM ICH HOFFE, GERECHT ZU WERDEN.
HEUTE, HIER UND JETZT, WILL ICH, DASS ES HEISST, DASS ICH EUCH SEHE.
DASS ICH IHR BIN.

WIE MACHT ER DAS?!
ER IST SUPERMAN!
DAFÜR MUSS MAN KEIN SUPERMAN SEIN.
EIN VORSCHULKIND KANN EINEN REGENBOGEN MACHEN.
UND DASS MAN SELBST ZU SEIN, NIE FALSCH IST.
SUPER PRIDE
Geschrieben von Devin Grayson Gezeichnet von Nick Robles
Farben Triona Tree Farrell Übersetzung Carolin Hidalgo
Lettering Walproject Redaktion USA Arianna Turturro

Mum,
es ist ... lange her. Nach allem, was passiert ist, weiß ich nicht mal, woran Du Dich ERINNERST.
Ich muss diesen Brief an Dich schon HUNDERT MAL aufgesetzt haben, bevor ich auf LAZARUS ISLAND festsaß. (Lange Geschichte). Ich hoffe, diesmal kriege ich es endlich hin.
LEXCORP
präsentiert
Das Phantom der Oper
Unter der Regie von
Darius Chapel
Mit dem berühmten Luthor-Imperator-Kronleuchter!
Ich fühlte mich auf dieser Insel so VERLOREN, aber in die Welt zurückzukehren, war auch nicht LEICHT.
Aber ich fand hier einen neuen Freund, DAMIAN. Ich glaube, Du würdest ihn mögen. Seine Selbstsicherheit ist seltsam ansteckend.
Gut so, denn wieder in STAR CITY zu sein ist ... verwirrend. Als würde man in einen halb vergessenen Traum zurückkehren.
Ich überlege, OLLIE um seine Sichtweise zu bitten, aber ...
AGH!
UGH!
GAH!

Und wenn ich von ihm weder als GREEN ARROW noch als MEIN VATER Führung bekomme, erlaubt mir mein BOGEN, den ich EWIG nicht in der Hand hatte, eine Verbindung zu ihm zu spüren.
Wie damals im ASHRAM.
DAS SOLLTE EUCH AUS ÄRGER RAUSHALTEN, BIS ICH VON MUSIC MEISTER HABE, WAS ICH BRAUCHE.
REW
Dort aufzuwachsen, war so SIMPEL. Alles ergab Sinn. Und dadurch konnte ich mich Ollie NÄHER fühlen ... ohne die Komplikation, ihn wirklich zu KENNEN.
Darüber denke ich oft nach. Nicht wegen der ganzen TOD-UND-WIEDERGEBURT-Sache, sondern weil es mit etwas zu tun hat, das ich versuche, Dir schon länger zu SAGEN.
Während meiner Zeit mit ihm hat er versucht, sein Verschwinden wiedergutzumachen ... aber eben auf seine typische VOLLGAS-Art, die ANSTRENGEND sein kann.

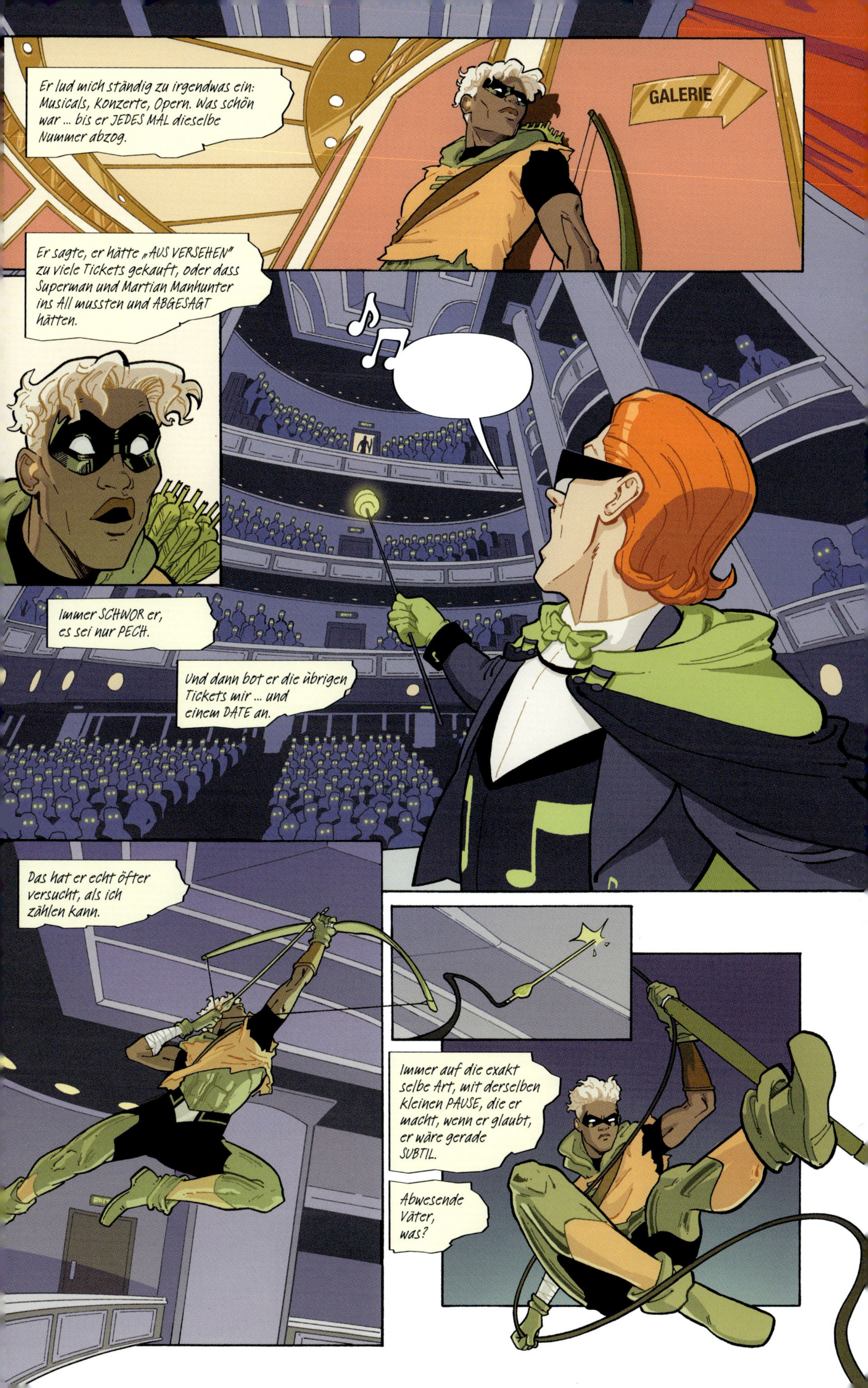
Er lud mich ständig zu irgendwas ein: Musicals, Konzerte, Opern. Was schön war … bis er JEDES MAL dieselbe Nummer abzog.
GALERIE
Er sagte, er hätte „AUS VERSEHEN" zu viele Tickets gekauft, oder dass Superman und Martian Manhunter ins All mussten und ABGESAGT hätten.
Immer SCHWOR er, es sei nur PECH.
Und dann bot er die übrigen Tickets mir … und einem DATE an.
Das hat er echt öfter versucht, als ich zählen kann.
Immer auf die exakt selbe Art, mit derselben kleinen PAUSE, die er macht, wenn er glaubt, er wäre gerade SUBTIL.
Abwesende Väter, was?

Und ja, Mum ...
ICH WEISS.
Daten kann für JEDEN schwer sein.
Es kann HART sein, sich jemandem so zu öffnen.
KOMPLETT gesehen zu werden.
Und GEHÖRT.
Ich WILL das für mich.

Ich will FAST alles davon.
Ich will HÄNDCHEN HALTEN und Filme gucken.
Ich will, dass man NACH HAUSE kommt und es wird vom Tag erzählt.
Ich will, dass auf mich gewartet wird, während ich auf HAUSDÄCHERN LADY SHIVA jage.
Ich will mit jemandem EIS ESSEN gehen, nachdem ich auf einem durchgeknallten UNSTERBLICHKEITSKILLERTURNIER dazu gezwungen wurde, gegen einen echten DÄMON zu kämpfen.
Ich will MICH teilen.

Es ist nur so schwer, wenn meist ANGENOMMEN wird, dass man nicht nur seine Seele, sondern auch den KÖRPER teilen muss.
PRIMÄR den Körper.
Ich verstehe, warum die meisten Sex und Liebe als AUSTAUSCHBAR sehen.
Die Gesellschaft ist besessen von den SEXUELLEN ASPEKTEN der Liebe.
Es ist KAKOFONISCH.

Dadurch ist es so schwer zu ERKENNEN.
Denn wenn überall dieser ... LÄRM ... ist, kann es schwierig sein, die Stille in DIR SELBST zu hören.
Vor allem wenn alle im Orchester denken, dein Schweigen sei ... eine ANOMALIE.
Die ihren CHOR stört.
Aber ich BIN diese Stille. Sie hat ihre eigene SCHÖNHEIT.

Ich bin ASEXUELL, Mum. Und stolz auf mich, nun, da ich mich HÖRE.
Abweichung.
Chorus. Aber ich bin diese
Sie hat ihre eigene
Ich bin asexuell, Mum
stolz auf mich, nun,
mich höre.
HAWKE.
SCHREIBST DU SCHON WIEDER DIESEN BRIEF?
ICH ERWARTE NICHT, DASS DU VERSTEHST, WIE SCHWIERIG SO ETWAS SENSITIVES SEIN KANN, DAMIAN.
NEIN, ICH MEINE JA NUR …
LASS DIR VON JEMANDEM MIT EINER KOMPLIZIERTEN MÜTTERLICHEN BEZIEHUNG SAGEN …
… MANCHE DINGE SAGT MAN BESSER PERSÖNLICH.
ICH WERDE DARÜBER NACHDENKEN.
EINVERSTANDEN.
HAST DU VON MUSIC MEISTER GEKRIEGT, WAS WIR BRAUCHEN?
NUR EINEN NAMEN … NEZHA.
POLICE
IST EIN ANFANG. ALSO LOS.
Connor Hawke in
Denk an mich
RO STEIN & TED BRANDT Story und Zeichnungen
CAROLIN HIDALGO Übersetzung
WALPROJECT Lettering
ANDREA SHEA Redaktion USA

XEBEL
An der Statue von Lokua, dem berühmten xebelischen Poeten.
Jackson Hyde alias Aquaman.
HEY, OPA LOKUA.
HÄTTE DICH GERN GEKANNT.
LACH NICHT, ABER ICH HABE EIN **DATE** MIT DIESEM SÜSSEN XEBELER UND ICH BIN ... NERVÖS?
OH GOTT, SO NERVÖS.
UND ICH FREUE MICH NATÜRLICH, ABER ...
ER HAT DIESEN **TOLLEN, AUSGEKLÜGELTEN PLAN** FÜR HEUTE ... ER WILL, DASS WIR EINANDER UNSERE **HEIMATSTÄDTE** ZEIGEN.
ICH MAG IHN **WIRKLICH** UND WILL'S NICHT VERBOCKEN.
UGH, DU LACHST MICH JETZT VERMUTLICH AUS.
WARUM? WEIL DU MIT STATUEN TOTER POETEN SPRICHST?

Eine Welt nur für mich
ALYSSA WONG Story W. SCOTT FORBES Zeichnungen CAROLIN HIDALGO Übersetzung
WALPROJECT Lettering ANDREA SHEA Redaktion USA
HA'WEA! DU BIST HIER!
ETWAS SPÄT. SORRY.
ICH WAR MIT MEINEM SQUAD AUF PATROUILLE, ALS WIR VON-- OHNE WITZ-- WILDEN TIEFSEE-SEE-PFERDCHEN AUFGEHALTEN WURDEN.
DAS IST HEISS.
ICH MEINE, DU BIST HEISS. ICH MEINE, DEINE RÜSTUNG IST TOTA--
ÄH.
JACKSON, WARUM.
HEY, UNTERSCHÄTZ DICH NICHT.
KOMM, MEINE MUM ERWARTET UNS.
DAS WIRD EIN SPASS!
JA! ICH FREU MICH DRAUF!

WIE GEHT'S DIR SO MIT **CHAOS**?
EINE MEINER SPEZIALI-TÄTEN?
HA'WEAAA!
ER IST HIER. ER IST HIER!
IST DAS DEIN **FREUND**?!
HA'WEAS FREUND IST HIER!
WIR HABEN ES NOCH NICHT SO DEFINIERT, ABER …
SEI NICHT KOMISCH. KOMM REIN.
HIER ETWAS SEEGRAS-SALAT, JACKSON.
DANKE, SIR.
ALSO, DU BIST **AQUAMAN** UND DEINE MUTTER IST **XEBELERIN**?
JA, MA'AM. ICH WUCHS AN LAND AUF …
… UND BIN NOCH IN VERBIN-DUNG MIT MEINEN WURZELN.
DU MACHST DAS TOLL, J.

ICH MAG IHN.
ICH WEISS.
ICH AUCH.
KOMM UNS BALD WIEDER BESUCHEN, JACKSON.
DEINE FAMILIE IST SUPER.
NICHT EINFACH, ABER GROSS-ARTIG, JA.
WAS GIBT'S NOCH AUF DEINER GREATEST-HITS-TOUR?
DIE BIBLIO-THEK!
ALS KIND VER-BRACHTE ICH HIER SO VIEL ZEIT DAMIT, LOKUAS WERKE ZU LESEN, DASS SIE MICH RAUS-WARFEN.
ALSO FING ICH AN, HIER HALBTAGS ZU ARBEITEN.
HÄTTE ICH AUCH GEMACHT. ECHT TOLL HIER.
HIER KAM ICH IMMER HER, WENN ICH ÄRGER HATTE ODER ALLEIN SEIN WOLLTE.
DAS IST MEIN LIEBLINGS-ORT IN XEBEL.
WUNDERSCHÖN. DANKE, FÜR DIESEN TAG, HA'WEA.
JETZT BIST DU DRAN.
RICHTIG. JA.
BRINGST DU MICH INS BE-RÜHMTE AMNESTY BAY?
ÄH … NICHT SO GANZ.

LARGE SIP
WOW.
NEW MEXICO
ICH GEBE ZU ...
... ICH HABE MEHR WASSER ERWARTET.
NOPE. KEIN EINZIGER TROPFEN.
GENAU DARUM GING ES JA.

ALS MEINE ELTERN ZUSAMMENKAMEN, WUSSTE MUM NICHT, DASS MEIN DAD *BLACK MANTA* WAR.
ALS SIE ES HERAUSFAND, FLOH SIE SO WEIT WEG VOM OZEAN, WIE SIE KONNTE, UND WIR LANDETEN IN DER *WÜSTE* ...
... IM ÜBELSTEN *DRECKSLOCH* DER WELT.
DAS IST HART.
JA. ICH HATTE DIESE *KRÄFTE*, DIESES *ERBE*, MUSSTE SIE ABER VERSTECKEN.
MUM VERBOT MIR, IRGENDWAS ZU TUN, WAS AUFMERKSAMKEIT ERREGEN KÖNNTE.
ICH HABE MEINE AQUAKINESE HEIMLICH IN DER *DUSCHE* TRAINIERT.
SIE WOLLTE, DASS ICH *NORMAL* BIN. EIN MENSCH.
UND *HETERO*.
DU *BIST* NORMAL, JACKSON.
DU BIST SCHRÄG, BRILLANT, MUTIG UND GÜTIG. DAS LIEBE ICH AN DIR.

ICH WEISS NICHT WIRKLICH VIEL ÜBER XEBEL.
SOLLTE ICH ABER, DOCH MUM WOLLTE NIE ÜBER IHRE HEIMAT SPRECHEN. UND ALS ICH VON DEM CHAOS ERFUHR, DASS SIE HINTERLASSEN HAT …
DA IST DIESE *KLUFT*, DIE MICH WIE EINE ENTTÄUSCHUNG FÜHLEN LÄSST.
DARUM WAR ICH WEGEN HEUTE NERVÖS.
DEINE FAMILIE IST SO *LIEBEVOLL*.
DER GEDANKE, DICH *DORT* RAUSZUHOLEN UND *HIERHER* ZU BRINGEN, HAT MICH TOTAL GESTRESST.
ICH WÜNSCHTE, ICH HÄTTE ALS ICH SELBST AUFWACHSEN KÖNNEN.
DAS LEBEN IN XEBEL KANN AUCH HART SEIN.
ES IST, ALS STÜNDEN WIR IMMER KURZ VOR EINEM KRIEG.
ABER ICH LIEBE MEINE STADT UND ES IST AUCH DEINE.
HAST DU HIER AUCH *GUTE* ERINNERUNGEN?

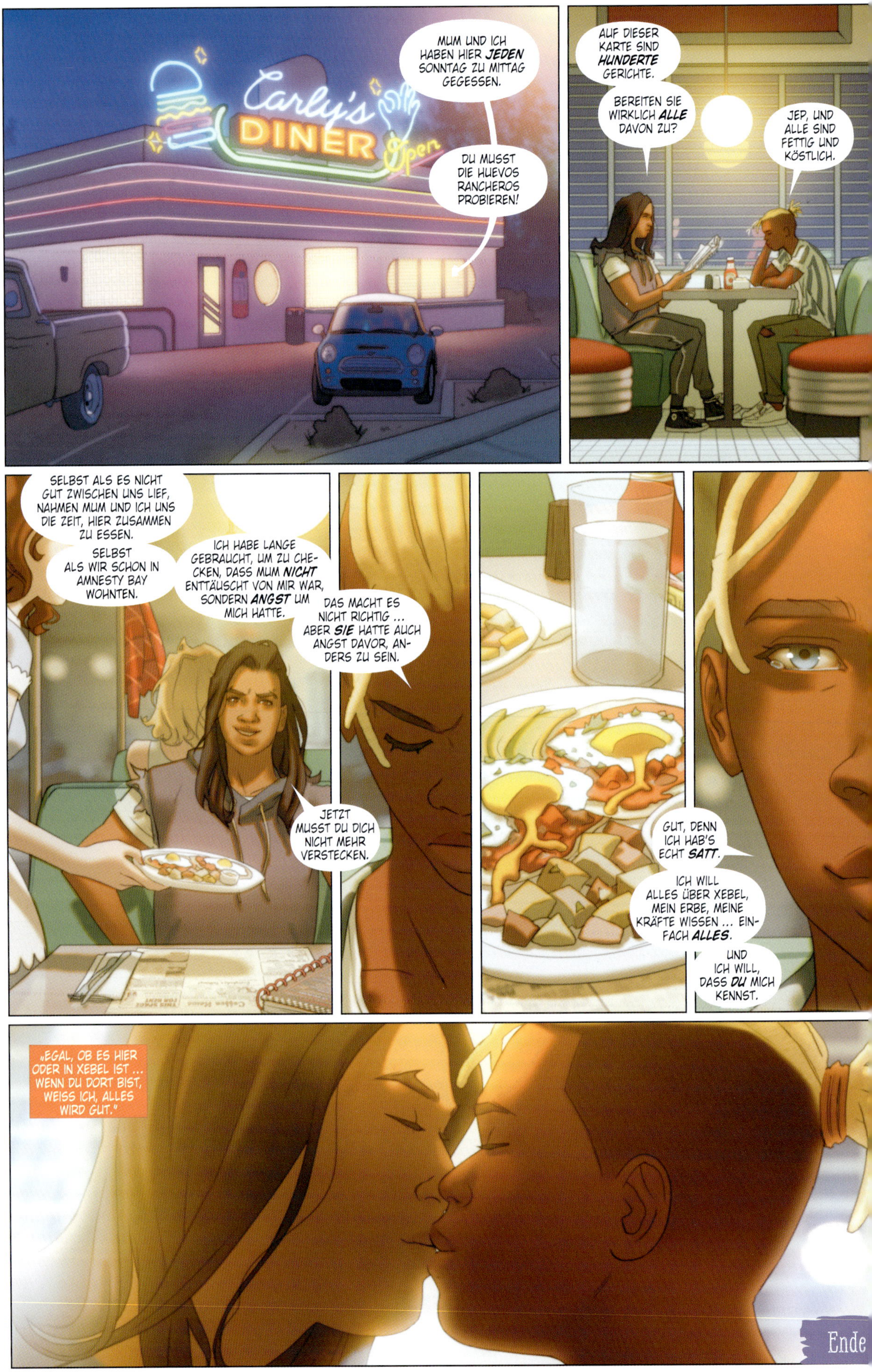
Carly's DINER Open
MUM UND ICH HABEN HIER JEDEN SONNTAG ZU MITTAG GEGESSEN.
DU MUSST DIE HUEVOS RANCHEROS PROBIEREN!
AUF DIESER KARTE SIND HUNDERTE GERICHTE.
BEREITEN SIE WIRKLICH ALLE DAVON ZU?
JEP, UND ALLE SIND FETTIG UND KÖSTLICH.
SELBST ALS ES NICHT GUT ZWISCHEN UNS LIEF, NAHMEN MUM UND ICH UNS DIE ZEIT, HIER ZUSAMMEN ZU ESSEN.
SELBST ALS WIR SCHON IN AMNESTY BAY WOHNTEN.
ICH HABE LANGE GEBRAUCHT, UM ZU CHE-CKEN, DASS MUM NICHT ENTTÄUSCHT VON MIR WAR, SONDERN ANGST UM MICH HATTE.
DAS MACHT ES NICHT RICHTIG ... ABER SIE HATTE AUCH ANGST DAVOR, AN-DERS ZU SEIN.
JETZT MUSST DU DICH NICHT MEHR VERSTECKEN.
GUT, DENN ICH HAB'S ECHT SATT.
ICH WILL ALLES ÜBER XEBEL, MEIN ERBE, MEINE KRÄFTE WISSEN ... EIN-FACH ALLES.
UND ICH WILL, DASS DU MICH KENNST.
„EGAL, OB ES HIER ODER IN XEBEL IST ... WENN DU DORT BIST, WEISS ICH, ALLES WIRD GUT."
Ende

LEUTE WIE DU DENKEN, SIE KÖNNTEN DER VERGANGENHEIT ENTKOMMEN ...
ICH BIN NUR MIT EINEM KOMPASS UND EINER FELDFLASCHE IN KRIEGSZONEN ABGESPRUNGEN ...
BAT'S IN THE Cradle
GESCHRIEBEN VON Stephanie Phillips
GEZEICHNET VON Samantha Dodge
FARBEN Marissa Louise
ÜBERSETZUNG Carolin Hidalgo
LETTERING Walproject
REDAKTION USA Arianna Turturro
... DASS SIE EUCH NICHT EIN LEBEN LANG VERFOLGT.
... ICH HABE MORDE AN AUSLÄNDISCHEN DIPLOMATEN VERHINDERT ...
ABER SO FUNKTIONIERT DAS NICHT, COLONEL KANE.
... UND EIN, ZWEI DIKTATUREN GESTÜRZT.
ICH HABE ENTSCHEIDUNGEN GETROFFEN, DIE AUSWIRKUNGEN AUF DAS GESAMTE LAND HATTEN.
GENERAL ORLOV SCHICKT GRÜSSE ...
WHUP
WAS?!
ABER DAS FURCHT EINFLÖSSENDSTE, WAS ICH JE GETAN HABE, WAR ...

... VATER ZU WERDEN.
SMOTRI V OBA!
UFF!
WHAK
SIE KOMMEN SO WINZIG UND VERWUNDBAR AUF DIE WELT.
ETWAS KNAPP, FINDEST DU NICHT?
UND DU GLAUBST, DASS ALLES VERSUCHT, IHNEN WEHZUTUN ... SCHARFE KANTEN UND HARTE STÖSSE.
MAN VERSUCHT, SIE ZU LEHREN, GEFAHREN ZU ERKENNEN ... SICH ZU SCHÜTZEN ...
DIE BESCHWERDE-ABTEILUNG IST DERZEIT NICHT GEÖFFNET ...
... UND MAN GIBT IHNEN WERKZEUGE, UM ZURÜCKZUSCHLAGEN, WENN NÖTIG.
... VER-SUCHEN SIE ES SPÄTER WIEDER.
WHAM

ABER MAN WEISS, DIE WELT IST GRAUSAM.
DU KLEINES ...
KLIK
DENN MAN HAT SCHON DAS SCHLIMMSTE VON IHR GESEHEN.
MAN WÜRDE ALSO ALLES DAFÜR TUN, DASS SIE ES NICHT MÜSSEN.
KRAK!
MAN LEHRT SIE, STÄRKER ZU SEIN, ALS MAN ES SELBST JE WAR ...
WHAK!
DAS IST IHRE EIGENE SCHULD, COLONEL.
... DAMIT SIE NICHT DIESELBEN FEHLER BEGEHEN.
SIE SIND DIE GANZE WELT ...
... UND PLÖTZLICH SIND ES ERWACHSENE ... DIE UNGLAUBLICHES ERREICHEN.
BLAM
HELDENTATEN.
SWISH
UND WENN MAN DIESE ERSTAUNLICHE FRAU SIEHT, DIE AUS DIESEM KLEINEN, UNSCHULDIGEN KIND WURDE ...

... ERKENNT MAN, DASS MAN VERSUCHT HAT ... SIE ZU LEHREN ... SIE ZU EINER BESSEREN VERSION VON SICH SELBST ZU MACHEN ...
ICH KANN NICHT!
SCHON GUT, KATE. SO ETWAS BRAUCHT ÜBUNG.
STEH EINFACH AUF UND VERSUCH ES NOCH MAL.
ICH LIEBE DICH, KATE.
GABI KANE
ELIZABETH KANE
DU WURDEST WEGEN DES VERSTOSSES GEGEN ARTIKEL 125 ENTLASSEN?
DAS IST HOMOSEXUELLES GEBAREN.
JA, SIR.
UND DAS IST, WER DU BIST?
JA, SIR. ICH KONNTE NICHT LÜGEN, SIR.
DANN HAST DU DEINE EHRE UND INTEGRITÄT BEWAHRT.
ICH BIN STOLZ AUF DICH, KATE.
WENN DU DAS TUST, DANN ABER AUCH RICHTIG, KATE ...
... UND AUF KEINEN FALL ALLEIN.
... DABEI HABEN SIE EINEN DIE GANZE ZEIT ZU EINEM BESSEREN MENSCHEN GEMACHT.
ENDE

BIN SPÄT DRAN.
WIE IMMER, ICH WEISS.
DU DENKST VERMUTLICH, ICH WÄRE UNZUVERLÄSSIG ...
SONDERLIEFERUNG
Story & Zeichnungen Travis Moore
Farben Enrica Angiolini
Übersetzung Carolin Hidalgo
Lettering Walproject
Redaktion USA Michael McCalister
... UND LEICHT ABLENKBAR.
OH?
DA HÄTTEST DU NICHT GANZ UNRECHT.
ICH HABE IMMER EINEN GUTEN GRUND, SELBST WENN ICH NICHT IMMER SAGEN KANN, WELCHEN.
ABER DAS IST NICHT, WORÜBER ICH MIT DIR REDEN WOLLTE.

ES GEHT MIR UM ... WIE SAG ICH DAS JETZT?
HAB'S GEÜBT UND JETZT FINDE ICH DIE WORTE NICHT.
DU WARST IMMER EIN TOLLER **FREUND**, ABER ALS ICH DICH BEI UNSEREM ERSTEN DATE WIEDERSAH ...
... BEVOR ES VON **CHAOS-MONSTERN** RUINIERT WURDE ...
... HAT DEIN ANBLICK SO VIELE GEFÜHLE IN MIR AUFGEWÜHLT ...
... DASS ...
... DASS ...
BOOM
... MIR FAST DAS HERZ IN DER BRUST **EXPLODIERT** WÄRE.
DU STANDEST DA IN DEINER SÜSSEN WEISSEN JACKE UND HAST MICH ANGELÄCHELT.
DU HAST MICH UMARMT UND ICH FÜHLTE MICH WIE EIN TRAMPEL.
VORSI-- **UFF!**
SMAK
ABER AUCH **GUT**.
HAB DICH!
SICHER IN DEINEN ARMEN.
DU HAST MICH MEHR ALS VERWIRRT.
ICH WOLLTE WISSEN, WAS ALS NÄCHSTES KOMMT.
WAS IST IN DER **BOX**, ROBIN?

UNSERE ZEIT IM VERGNÜGUNGSPARK IN BURNSIDE WAR SUPER AUFREGEND.
UND NICHT NUR WEGEN DER ACHTERBAHNEN.
ICH FÜHLTE, DASS ETWAS GROSSES PASSIERTE.
WAS DENKST DU, IST ES, MICRO?
WEISS NICHT, MACRO, ABER ER BEWACHT ES, WIE ETWAS WIRKLICH WICHTIGES.
UND WENN ES IHM WICHTIG IST, WOLLEN WIR ES.
ETWAS WICHTIGES.
DU HAST RECHT. ES IST WICHTIG …
… WAS BEDEUTET, IHR KRIEGT ES NICHT.
OBWOHL AN DIESEM TAG NICHT ALLES PERFEKT LIEF.
ES GAB EINIGE AUF UND ABS.
UUPS, NA SO WAS. ICH HAB'S JA DOCH GEKRIEGT.
WAS IST ES? EIN NEUES SPIELZEUG FÜR BATMAN?
DU HAST MIR IMMERHIN AUF DIE SCHUHE GEKOTZT.
ABER NACH DEM DESASTER BEI UNSEREM ERSTEN DATE KONNTEN WIR ENDLICH RICHTIG ZEIT MITEINANDER VERBRINGEN.
NOPE!
THWAK
UNS NEU KENNENLERNEN.
WIR SIND STUNDENLANG AN FAHRGESCHÄFTEN ANGESTANDEN, ABER MIT DIR WAR KEINE SEKUNDE DAVON LANGWEILIG.

MIT DIR LANGWEILE ICH MICH NIE.
AM STRAND RUMALBERN, IM EINKAUFSZENTRUM SHOPPEN GEHEN, UNS MILCHSHAKES IM DINER TEILEN ...
... SO VIEL SPASS HATTE ICH EWIG NICHT MEHR.
VERMUTLICH EINE TÖDLICHE WAFFE, DIE SIE EINEM SUPERSCHURKEN ABGENOMMEN HABEN.
DIE GEHÖRT JETZT UNS!
WARTE, NEIN, DAS ... IST VÖLLIG UNTERTRIEBEN.
ES IST MEHR ALS SPASS.
SO VIEL MEHR.
ES WAR HEITER.
ERLEUCHTEND.
WIEDER FALSCH!
VERWANDELND.
MANCHMAL SCHMERZHAFT.
EIN HINWEIS AUF BATMANS IDENTITÄT.
POW
DENN DAS KANN SEINE WAHRE IDENTITÄT ZU FINDEN, MIT SICH BRINGEN.
WIR KÖNNEN IHN DAMIT ERPRESSEN ODER AN SEINE FEINDE WEITERVERKAUFEN.
DAS KANN ANGST MACHEN.

UND DOCH FÜHLE ICH MICH BEI DIR SICHER.
WIE BEIM REVIVAL VON DEM ALTEN JONATHAN LORD-FILM, ALS DU …
… ZUM ERSTEN MAL MEINE HAND GEHALTEN HAST.
IHR BEIDE SEID **GROTTENSCHLECHT** IM RATEN.
VORHER WAR ICH MIR NICHT KOMPLETT SICHER …
… WAS ICH FÜR DICH FÜHLE.
ODER ***DU*** FÜR ***MICH*** FÜHLST.
ICH BIN SICHER, ES IST … ***HEY!***
THWAP
HAB IHN!
ABER DANN HABE ICH DEINE HAND GEFÜHLT.
SIE WAR GANZ FETTIG VOM POPCORN.
ABER IN DEM MOMENT SPÜRTE ICH, DASS ALLES, WAS ICH WOLLTE, IN REICHWEITE WAR.
UND ICH WUSSTE, DAS GIBT ***ÄRGER***.
SLAM

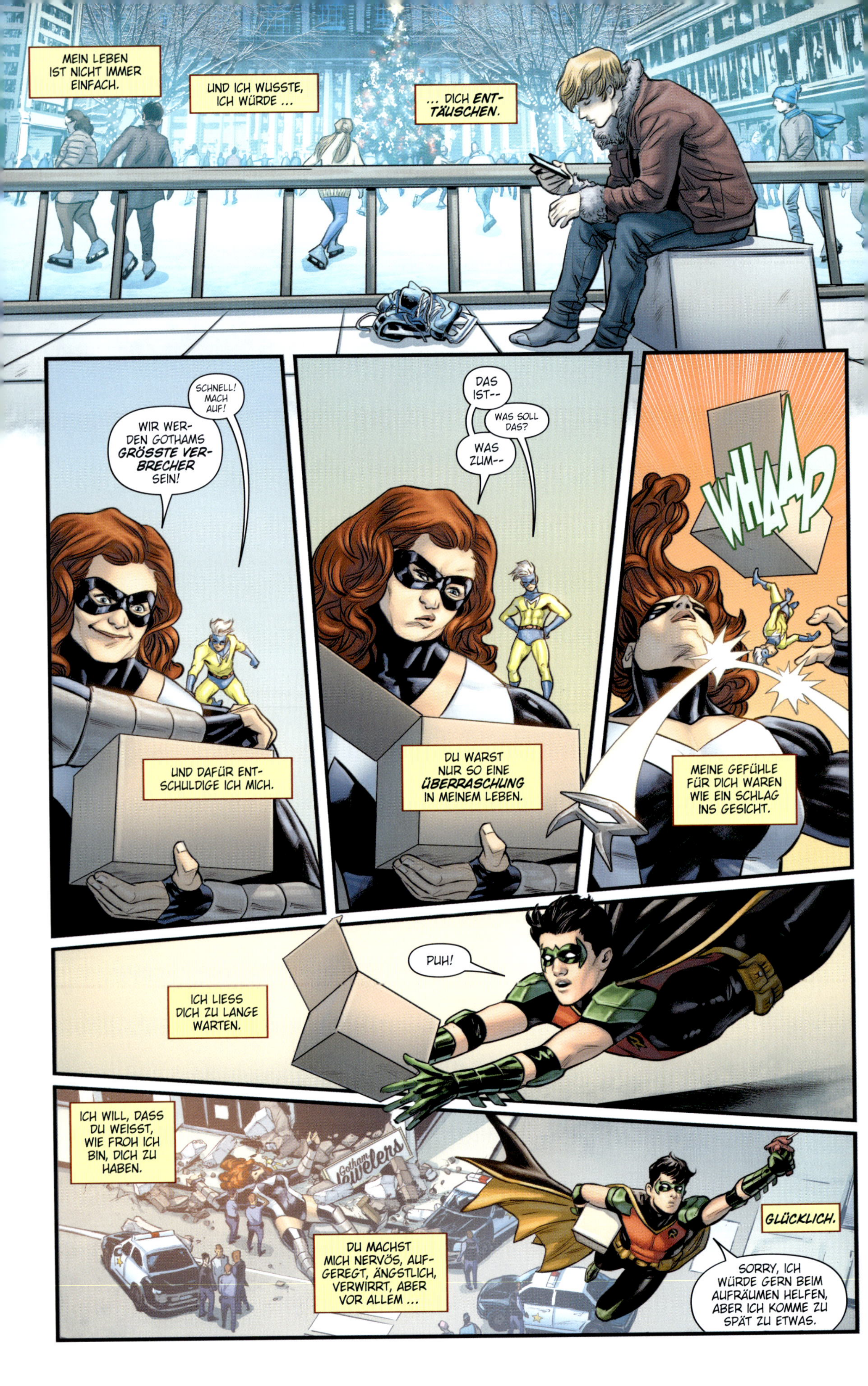
MEIN LEBEN IST NICHT IMMER EINFACH.
UND ICH WUSSTE, ICH WÜRDE ...
... DICH ENT-TÄUSCHEN.
WIR WER-DEN GOTHAMS GRÖSSTE VER-BRECHER SEIN!
SCHNELL! MACH AUF!
UND DAFÜR ENT-SCHULDIGE ICH MICH.
DAS IST--
WAS SOLL DAS?
WAS ZUM--
DU WARST NUR SO EINE ÜBERRASCHUNG IN MEINEM LEBEN.
WHAAP
MEINE GEFÜHLE FÜR DICH WAREN WIE EIN SCHLAG INS GESICHT.
ICH LIESS DICH ZU LANGE WARTEN.
PUH!
ICH WILL, DASS DU WEISST, WIE FROH ICH BIN, DICH ZU HABEN.
Gotham Jewelers
DU MACHST MICH NERVÖS, AUF-GEREGT, ÄNGSTLICH, VERWIRRT, ABER VOR ALLEM ...
GLÜCKLICH.
SORRY, ICH WÜRDE GERN BEIM AUFRÄUMEN HELFEN, ABER ICH KOMME ZU SPÄT ZU ETWAS.

WAS ICH SAGEN WILL, IST, ICH BIN STOLZ AUF DICH.
AUF UNS BEIDE.
LOVE IS
STOLZ AUF UNSERE GEMEINSAME ZEIT.
STOLZ, DICH WIEDER BEI MIR ZU HABEN.
DAS SAGE ICH, WEIL ICH WEISS, ICH HABE FEHLER.
UND TROTZ ALL DER DINGE, DIE ICH DIR GERADE GESAGT HABE, WEISS ICH, DASS WORTE MANCHMAL NICHT REICHEN.
ICH WILL DIR ZEIGEN, WIE VIEL DU MIR BEDEUTEST.
DARUM GEBE ICH DIR DAS HIER.

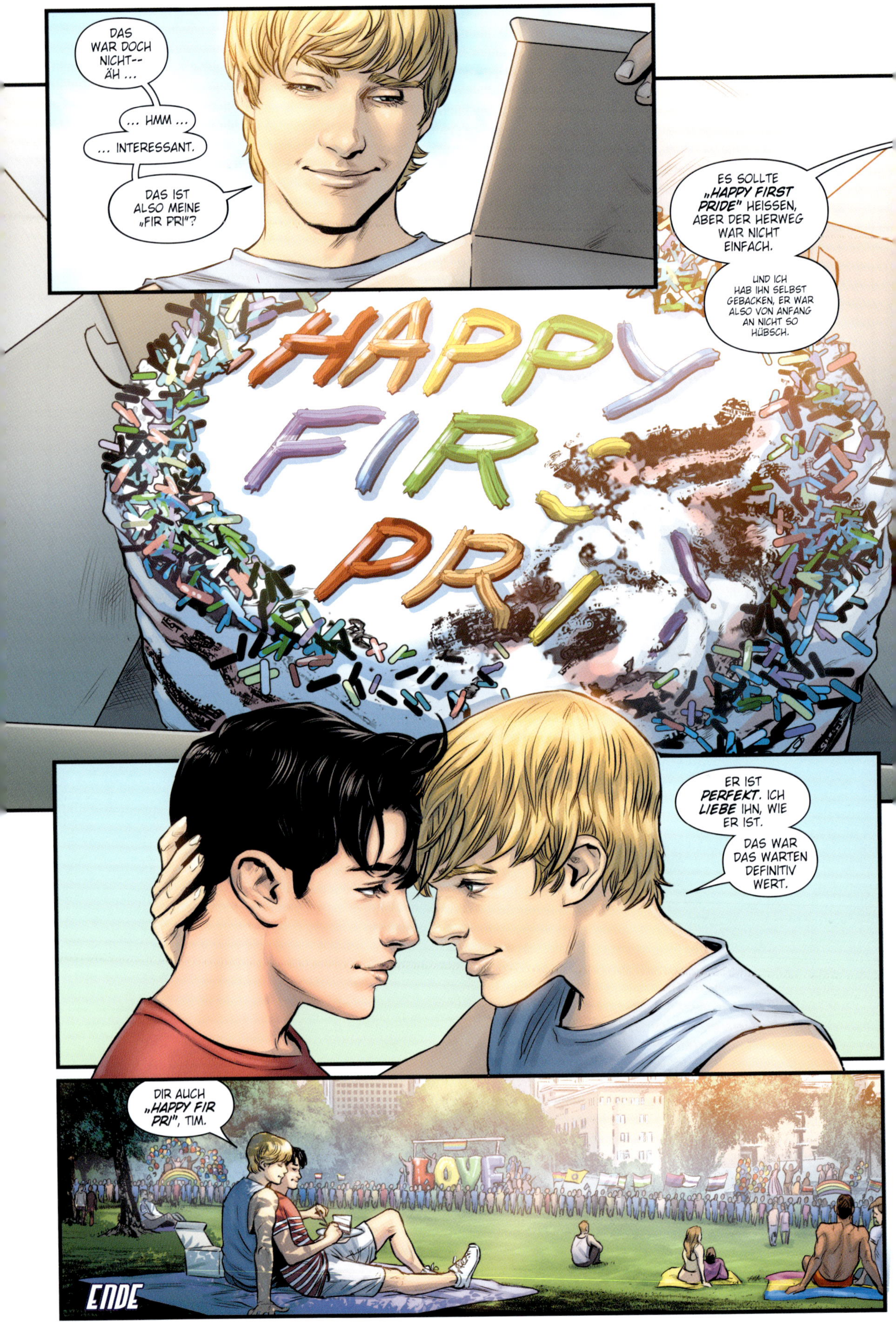
DAS WAR DOCH NICHT-- ÄH ...
... HMM ...
... INTERESSANT.
DAS IST ALSO MEINE „FIR PRI"?
ES SOLLTE „HAPPY FIRST PRIDE" HEISSEN, ABER DER HERWEG WAR NICHT EINFACH.
UND ICH HAB IHN SELBST GEBACKEN, ER WAR ALSO VON ANFANG AN NICHT SO HÜBSCH.
HAPPY FIR PRI
ER IST PERFEKT. ICH LIEBE IHN, WIE ER IST.
DAS WAR DAS WARTEN DEFINITIV WERT.
DIR AUCH „HAPPY FIR PRI", TIM.
LOVE
ENDE

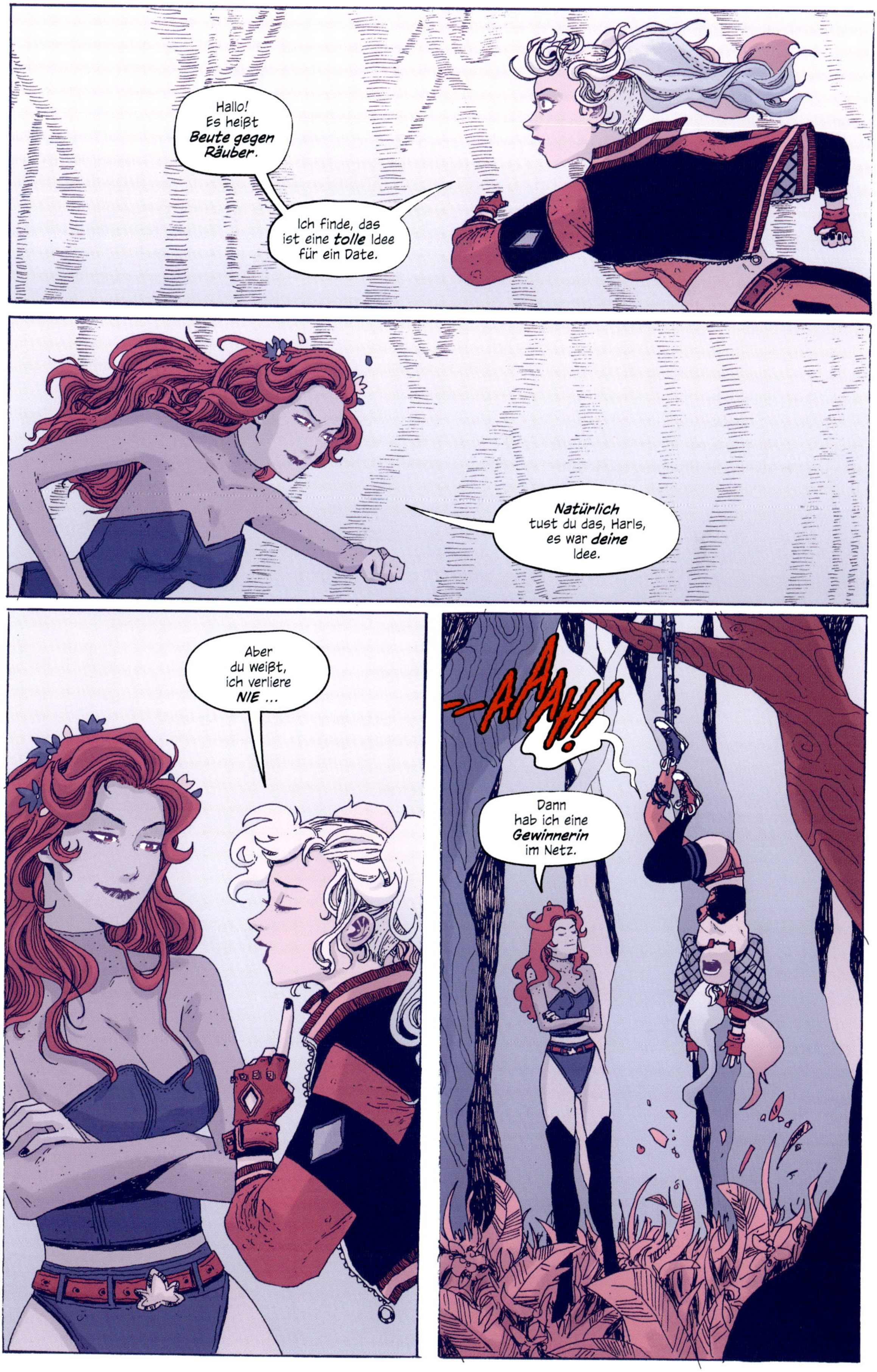
Hallo! Es heißt **Beute gegen Räuber**.
Ich finde, das ist eine **tolle** Idee für ein Date.
Natürlich tust du das, Harls, es war **deine** Idee.
Aber du weißt, ich verliere **NIE** ...
AAAH!
Dann hab ich eine **Gewinnerin** im Netz.

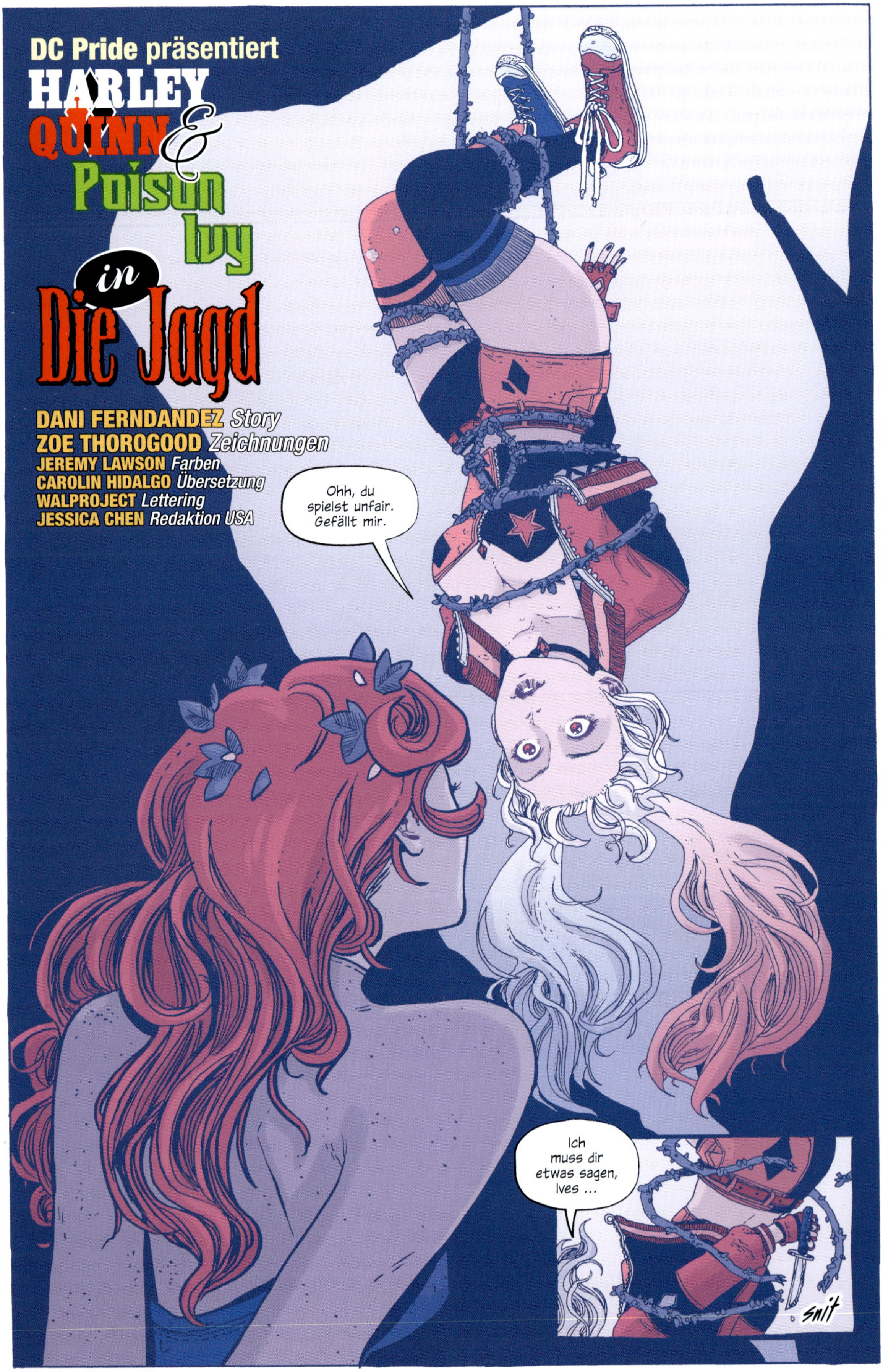
DC Pride präsentiert
HARLEY QUINN & Poison Ivy
in
Die Jagd
DANI FERNDANDEZ Story
ZOE THOROGOOD Zeichnungen
JEREMY LAWSON Farben
CAROLIN HIDALGO Übersetzung
WALPROJECT Lettering
JESSICA CHEN Redaktion USA
Ohh, du spielst unfair. Gefällt mir.
Ich muss dir etwas sagen, Ives …

THOK
fwoosh
Deine Finger sind wohl glitschig …
Werd nicht frech, Babe. Wir wissen, ich bin immer *obenauf*.
Lustig. Das ist nicht *meine* Erfahrung …
Dein Körper kann wohl nicht mit meinem *Tempo* mithalten …
Komm und hol mich, Süße! Oder gib auf … manchmal darf man sich auch *unterwerfen*.
Tja, darin bist *du* ja die Expertin, nicht?
Harley …?
Ugh, okay, wo bist du?
Hehehe …
… *hab dich!*
… Ivy?

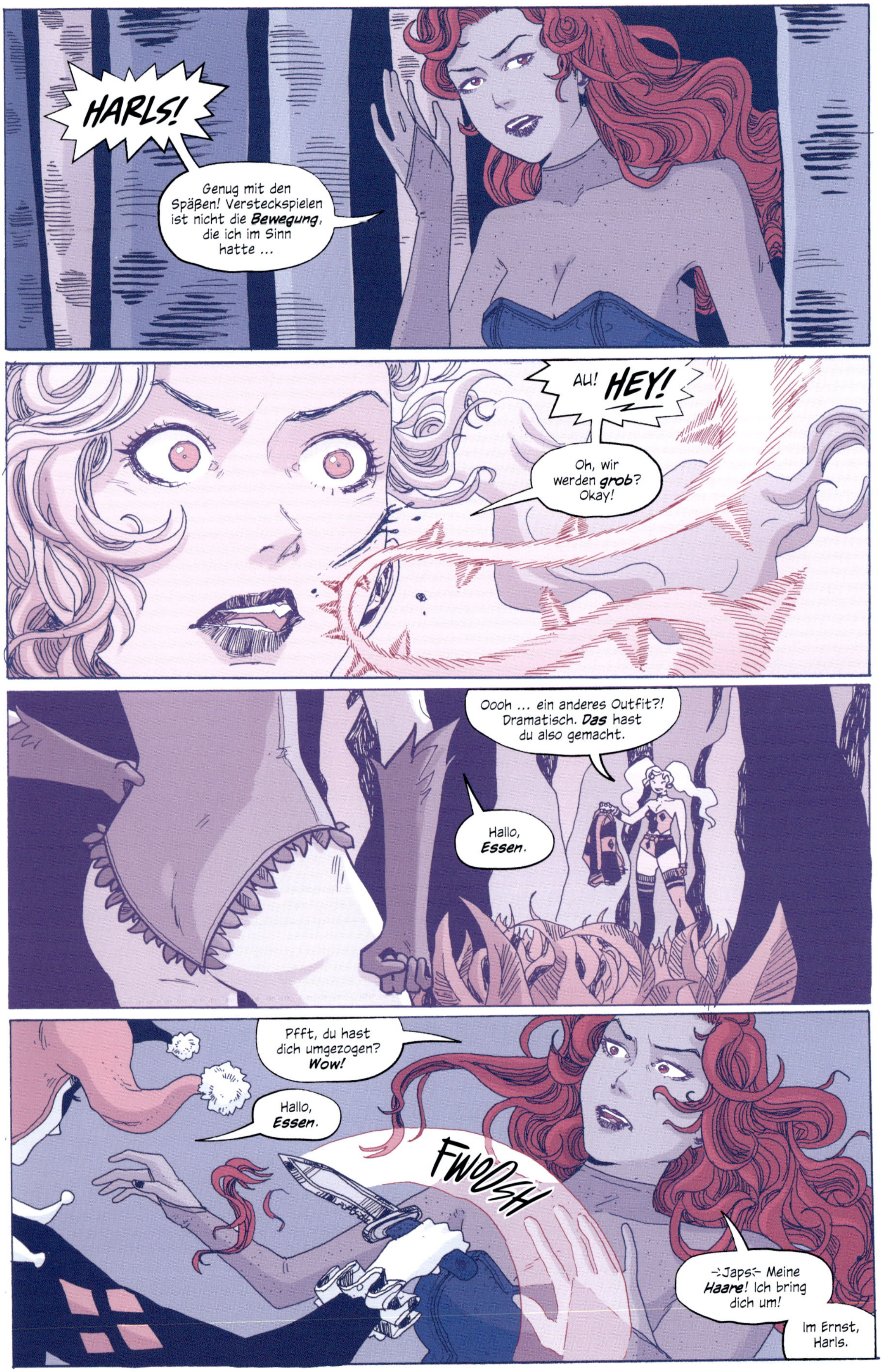
HARLS!
Genug mit den Späßen! Versteckspielen ist nicht die Bewegung, die ich im Sinn hatte …
AU! HEY!
Oh, wir werden grob? Okay!
Oooh … ein anderes Outfit?! Dramatisch. Das hast du also gemacht.
Hallo, Essen.
Pfft, du hast dich umgezogen? Wow!
Hallo, Essen.
FWOOSH
-Japs- Meine Haare! Ich bring dich um!
Im Ernst, Harls.

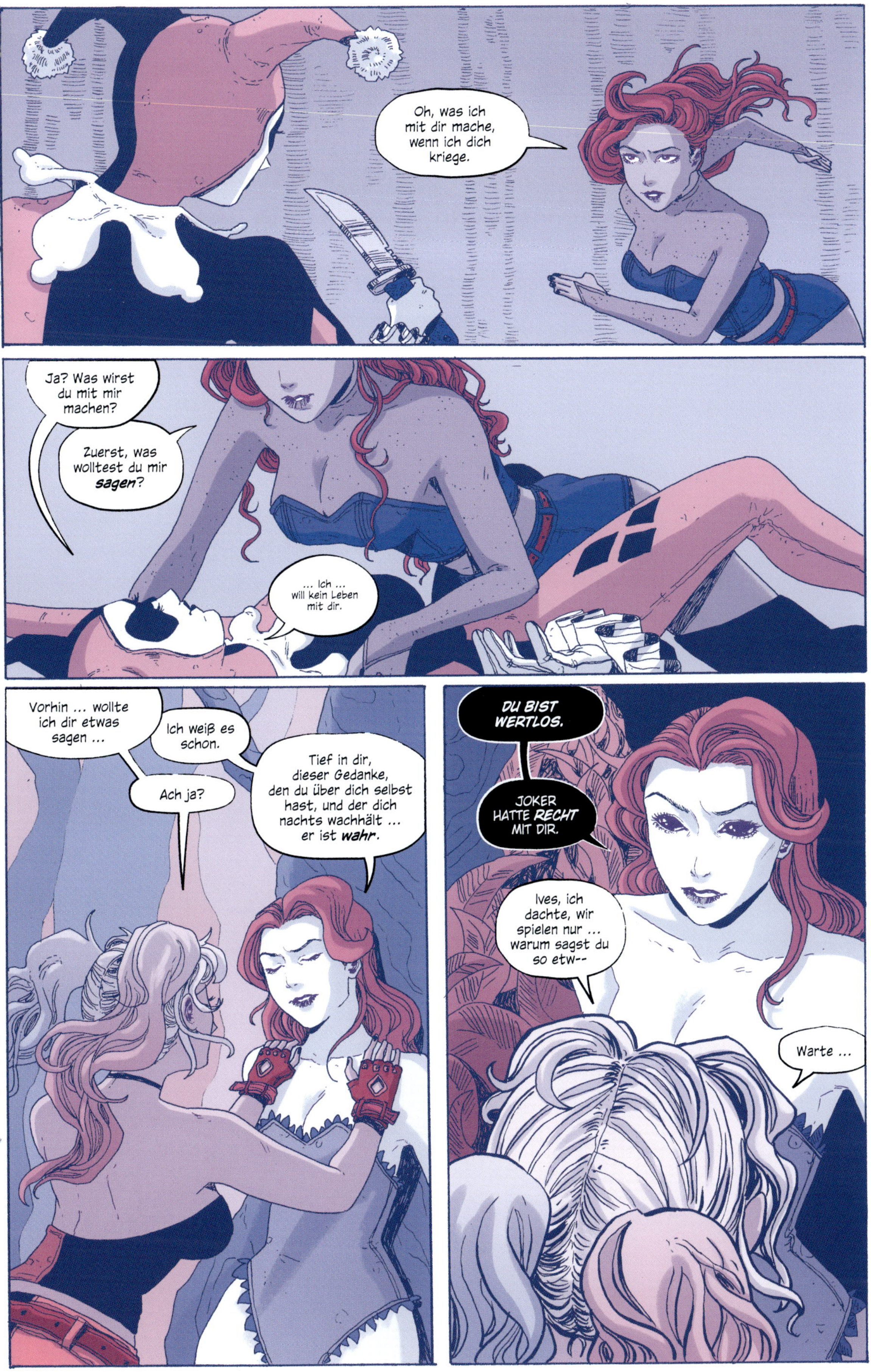
Oh, was ich mit dir mache, wenn ich dich kriege.
Ja? Was wirst du mit mir machen?
Zuerst, was wolltest du mir *sagen*?
... Ich ... will kein Leben mit dir.
Vorhin ... wollte ich dir etwas sagen ...
Ich weiß es schon.
Ach ja?
Tief in dir, dieser Gedanke, den du über dich selbst hast, und der dich nachts wachhält ... er ist *wahr*.
DU BIST WERTLOS.
JOKER HATTE *RECHT* MIT DIR.
Ives, ich dachte, wir spielen nur ... warum sagst du so etw--
Warte ...

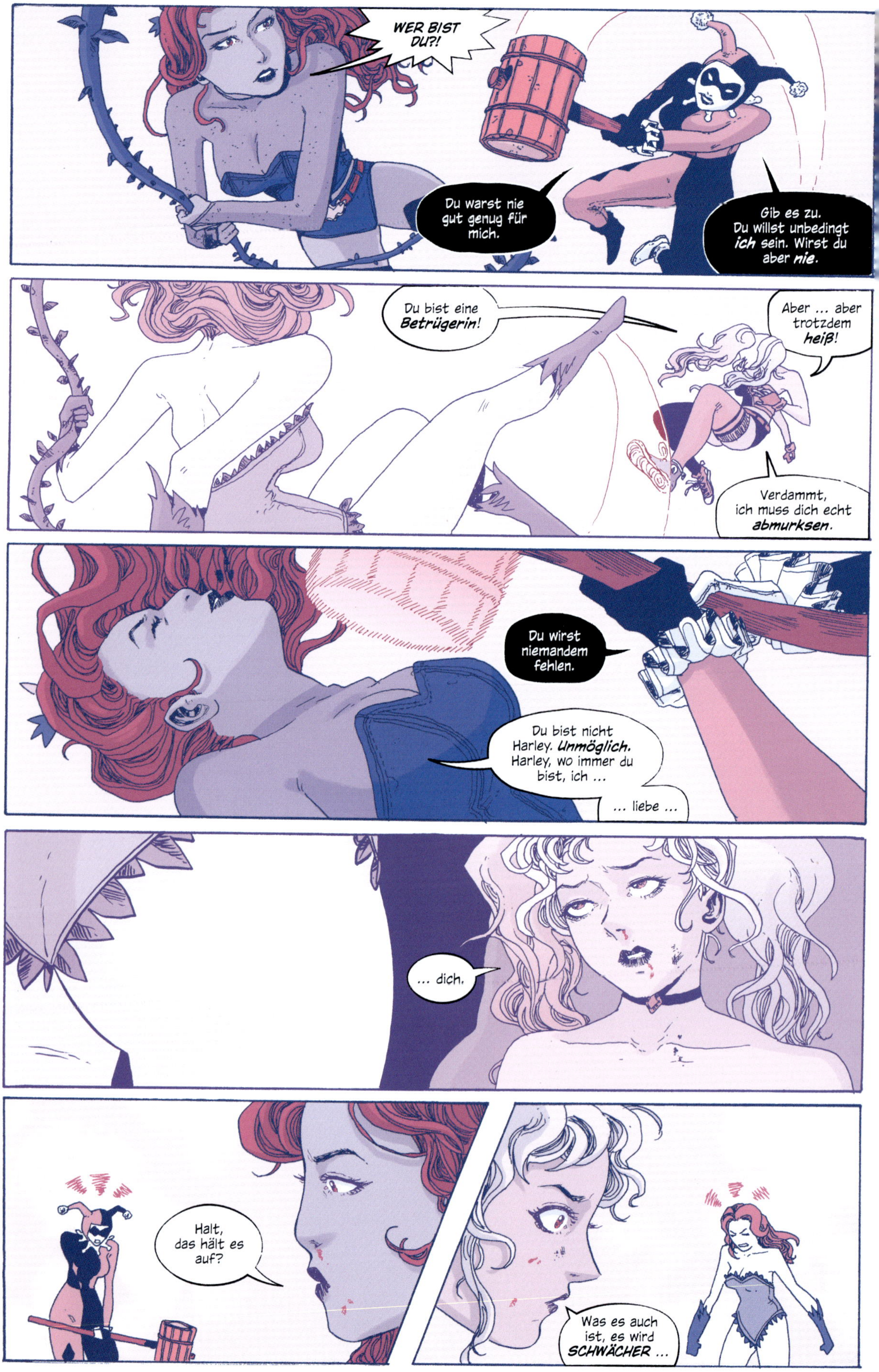
WER BIST DU?!
Du warst nie gut genug für mich.
Gib es zu. Du willst unbedingt *ich* sein. Wirst du aber *nie*.
Du bist eine *Betrügerin*!
Aber … aber trotzdem *heiß*!
Verdammt, ich muss dich echt *abmurksen*.
Du wirst niemandem fehlen.
Du bist nicht Harley. *Unmöglich.* Harley, wo immer du bist, ich …
… liebe …
… dich.
Halt, das hält es auf?
Was es auch ist, es wird *SCHWÄCHER* …

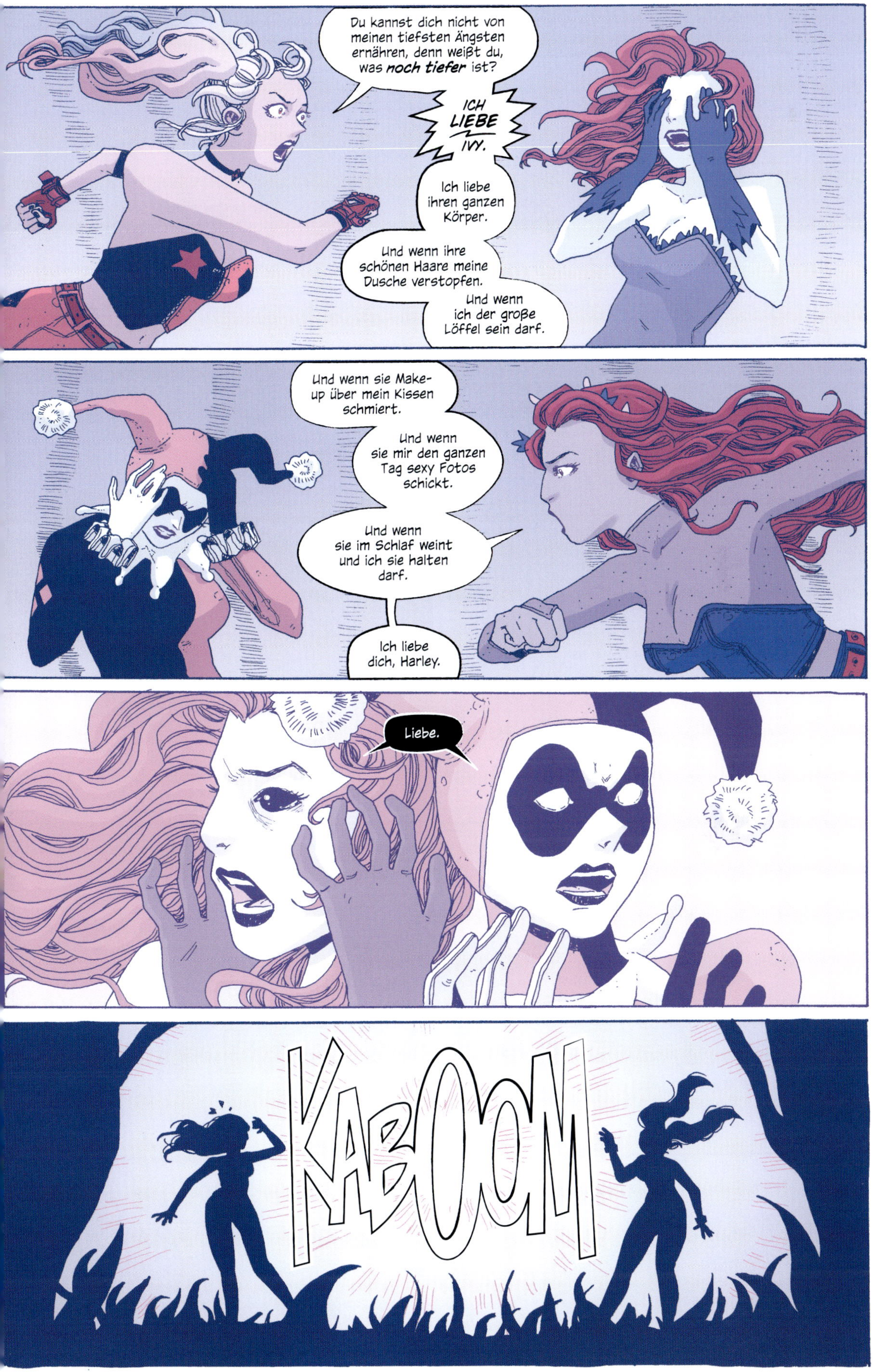
Du kannst dich nicht von meinen tiefsten Ängsten ernähren, denn weißt du, was **noch tiefer** ist?
ICH LIEBE IVY.
Ich liebe ihren ganzen Körper.
Und wenn ihre schönen Haare meine Dusche verstopfen.
Und wenn ich der große Löffel sein darf.
Und wenn sie Make-up über mein Kissen schmiert.
Und wenn sie mir den ganzen Tag sexy Fotos schickt.
Und wenn sie im Schlaf weint und ich sie halten darf.
Ich liebe dich, Harley.
Liebe.
KABOOM

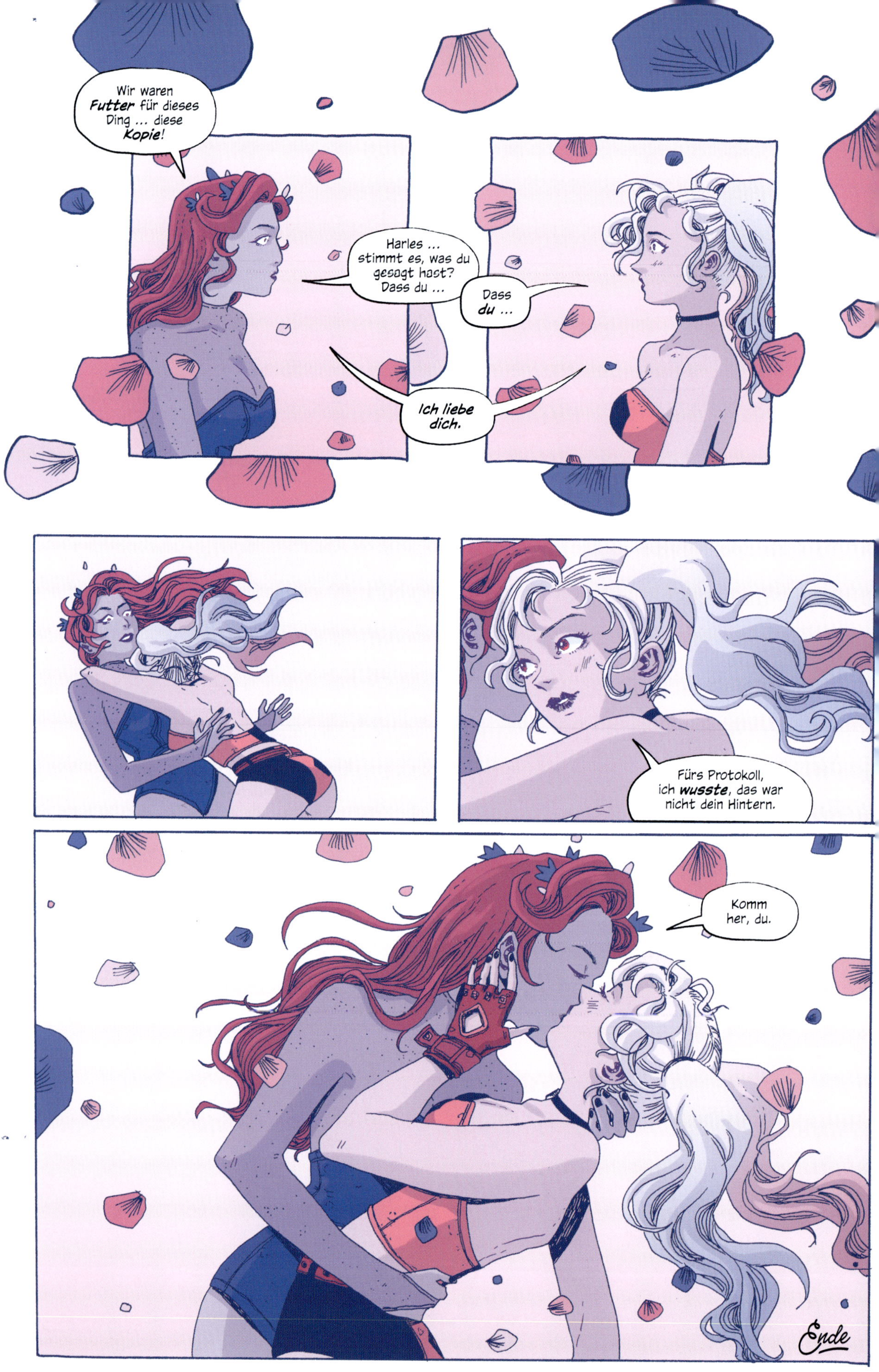
Wir waren *Futter* für dieses Ding … diese *Kopie*!
Harles … stimmt es, was du gesagt hast? Dass du …
Dass *du* …
Ich liebe dich.
Fürs Protokoll, ich *wusste*, das war nicht dein Hintern.
Komm her, du.
Ende

FINDE BATMAN
VOR GENAU 30 JAHREN NAHM ICH AN EINEM CASTING FÜR EINE MIR SO GUT WIE UNBEKANNTE FIGUR IN EINEM MIR NICHT GELÄUFIGEN MEDIUM TEIL.
SEINE UNVOLLKOMMENE MENSCHLICHKEIT, SEIN UMGANG MIT HERAUSFORDERUNGEN UND SEINE ZWEI GESICHTER-- ÖFFENTLICH UND PRIVAT-- FANDEN ANKLANG BEI DEN MENSCHEN.
Story KEVIN CONROY
Zeichnungen & Farben J. BONE
Übersetzung CAROLIN HIDALGO
Lettering WALPROJECT
Redaktion USA ARIANNA TURTURRO & JESSICA CHEN
ICH STAUNTE OFT, WIE PASSEND ES WAR, DASS ICH DIESE ROLLE BEKAM.
ALS HOMOSEXUELLER SOHN EINER SEHR KATHOLISCHEN FAMILIE, DER IN DEN 1950ER- UND 60ER-JAHREN AUFWUCHS, LERNTE ICH, TEILE VON MIR ZU VERBERGEN.
ICH STECKTE ASPEKTE VON MIR IN EINE SEPARATE KISTE UND SPERRTE SIE WEG.
ICH HOFFTE, ICH WÜRDE IHNEN ENTWACHSEN. BETETE, ICH KÖNNTE MICH ÄNDERN.
DAS WAREN DIE FRÜHEN 1970ER. DIE STONEWALL-PROTESTE WAREN VOR KURZEM NOCH IN DEN NACHRICHTEN. DIE FREUDE, ZU SEHEN, WIE SICH SCHWULE MÄNNER WEHRTEN, WURDE VOM SPOTT IN DER PRESSE GEDÄMPFT.
BESSER EINE MASKE TRAGEN, DACHTE ICH.
ZUR GLEICHEN ZEIT ZERBRACH MEINE FAMILIE. EIN ALKOHOLSÜCHTIGER VATER, EIN SCHIZOPHRENER BRUDER UND DIE SCHEIDUNG MEINER ELTERN.
ALLES SPITZTE SICH ZU, ALS MAN MEINEN VATER FAST VERBLUTET IM WALD IN SEINEM AUTO FAND, MIT EINER SELBST ZUGEFÜGTEN STICHWUNDE UND EINER LEEREN FLASCHE NEBEN IHM.
UNFÄHIG, IHM DANACH NOCH ZU BEGEGNEN, SCHICKTE MEINE MUTTER MICH AN IHRER STATT INS KRANKENHAUS.

OHNE FAMILIÄRE UNTERSTÜTZUNG BRAUCHTE ICH EIN STIPENDIUM, UM AN EINE GUTE SCHULE ZU KOMMEN. JUILLIARD BOT MIR DIESE MÖGLICHKEIT.
DIE KONKURRENZ WAR HART. JEDER FEHLER WURDE BELEUCHTET.
ICH BEGRIFF, DASS ICH AUF MICH ALLEIN GESTELLT WAR.
NACH DER SCHULE STELLTE ICH MICH DEM GÄNGIGEN KAMPF EINES JEDEN JUNGEN SCHAUSPIELERS IN NYC: VIELE ÜBERLEBENS-JOBS UND AUDITIONS.
ICH TRAT IN WINZIGEN THEATERN UND OFF-BROADWAY-SHOWS AUF.
UND ICH WUSSTE, DASS DAS GESCHÄFT-- OBWOHL ES SCHWULE AGENTEN, PRODUZENTEN, REGISSEURE UND AUTOREN GAB-- SCHWULEN SCHAUSPIELERN GEGENÜBER GNADENLOS WAR.
DIE MASKE MUSSTE ANGEPASST WERDEN.
ABER ICH WEIGERTE MICH, NUR FÜR MEINE KARRIERE ALLEIN ZU LEBEN. ALSO VERSCHWIEG ICH PRIVAT NICHT, WER ICH WAR, HIELT ABER IM BERUFLICHEN DEN MUND.
NATÜRLICH BLEIBT AM THEATER NICHTS GEHEIM, ALSO SPRACH ES SICH HERUM ... VOR ALLEM ALS ICH EIN PAAR BEKANNTE SCHWULENROLLEN SPIELTE.
GERADE ALS ICH ANFING, MICH IN MEINER HAUT WOHLZUFÜHLEN, HÖRTE ICH VON SCHAUSPIELERN, DIE EINE ART SELTENE FORM VON KREBS BEKAMEN ... MIT LILA LÄSIONEN AUF DER HAUT, LUNGENENTZÜNDUNG UND SCHLIESSLICH ... TOD.
DIESE EINST STARKEN DYNAMISCHEN MÄNNER SCHIENEN ÜBER NACHT ZU ZERFALLEN.
ICH HOFFTE, VERSCHONT ZU BLEIBEN.
DANN ERKRANKTEN FREUNDE. MEIN AGENT, SEIN ASSISTENT, SCHAUSPIELER, DIE ICH BEWUNDERTE.
WIR BEGRUBEN SIE ALLE.
VIELE MÄNNER MEINER GENERATION STECKTEN SICH MIT ETWAS AN, DAS ALS AIDS BEKANNT WERDEN WÜRDE.
DAS UNDENKBARE WAR PLÖTZLICH MEINE NEUE REALITÄT GEWORDEN.

DANN KAM EIN *UNERWARTETER* UND *BESCHÄMENDER* MOMENT. WIR DREHTEN EINE MINI-SERIE.
EINES ABENDS NACH EINEM LANGEN HARTEN TAG VERSAMMELTEN WIR UNS IN DER HOTEL-BAR.
ES WAR GERAMMELT VOLL. ALS ICH EINTRAT, RIEF EIN SCHAUSPIELER, DER OFFENSICHTLICH SCHON EIN PAAR DRINKS INTUS HATTE, MIT SCHALLENDER STIMME …
HEY, DIE SCHWUCHTEL!
KOMM UND SETZ DICH!
WAS TUN? DARÜBER LACHEN? IHN KONFRONTIEREN?
ICH IGNORIERTE ES.
ICH ERWARTE MORGEN EINEN FRÜHEN ANRUF. WOLLTE NUR GUTE NACHT SAGEN.
UNBEHAGEN AM SET FOLGTE UND VERGING …
… ABER EGAL, WAS ICH TAT, ICH WAR IMMER „ANDERS".

JAHRE SPÄTER GESCHAH EIN WAHRER AUGENÖFFNER.
DREI WOCHEN LANG DREHTEN WIR EINEN FILM IN EINER DÜSTEREN GEGEND VON L.A. MIT EINEM ZERMÜRBENDEN ZEITPLAN VON 18 BIS 6 UHR MORGENS.
DIE ROLLE BEGEISTERTE MICH … EIN MANN, DER IM LAUFE DES FILMS IMMER MEHR AUSARTET UND IMMER GESTÖRTER WIRD.
DIE HERAUSFORDERUNG WAR NICHT NUR, SICH IN DIESEN MANN HINEINZUVERSETZEN, SONDERN SEINEN ZERFALL DARZUSTELLEN, OBWOHL IN DER FALSCHEN REIHENFOLGE GEFILMT WURDE.
ICH HATTE MEIN SKRIPT MIT BUNTEN SEITEN UND STIFTEN IN DIE VERSCHIEDENEN STUFEN AUFGETEILT.
EINE FARBE FÜR SEINE KÖRPERLICHEN VERLETZUNGEN, EINE FARBE FÜR SEINEN PSYCHOLOGISCHEN NIEDERGANG, EINE FARBE FÜR SEIN EMOTIONALES LEBEN, EINE ANDERE FÜR DEN ZERFALL SEINER KLEIDUNG MIT NOTIZEN, WAS KURZ VOR JEDER SZENE PASSIERT WAR, DAMIT ICH WUSSTE, WO ICH WAR.
UND DAS WAR'S!
DANKE EUCH ALLEN, IHR WART FANTASTISCH.
HEY, KEV!
HOFFE, DAS IST OKAY. HAB MIR DEIN SKRIPT ANGESEHEN … FASZINIERENDES ZEUG!
OH, DANKE. ICH BRAUCHTE EINEN LEITFADEN, UM--
KLAR, KLAR! HÖR ZU, WAS HAST DU HIERNACH VOR?
ER ERZÄHLTE MIR VON SEINER TV-PILOTSENDUNG … EINE BUDDY-COP-SERIE.
ER FAND, ICH WÄRE PERFEKT FÜR EINE DER HAUPTROLLEN UND WOLLTE WISSEN, OB ICH EIN PAAR TAGE IN DER STADT BLEIBEN KÖNNTE, FALLS DER SENDER MICH KENNENLERNEN WOLLTE.
ICH MUSSTE ZWAR BALD AN DIE OSTKÜSTE, ABER DA ICH ZEITLICH FLEXIBEL WAR, WILLIGTE ICH EIN.
ICH RIEF MEINEN BRUDER CHRIS AN, UM IHM ZU SAGEN, DASS ICH DEN BESUCH VERSCHIEBEN WÜRDE.

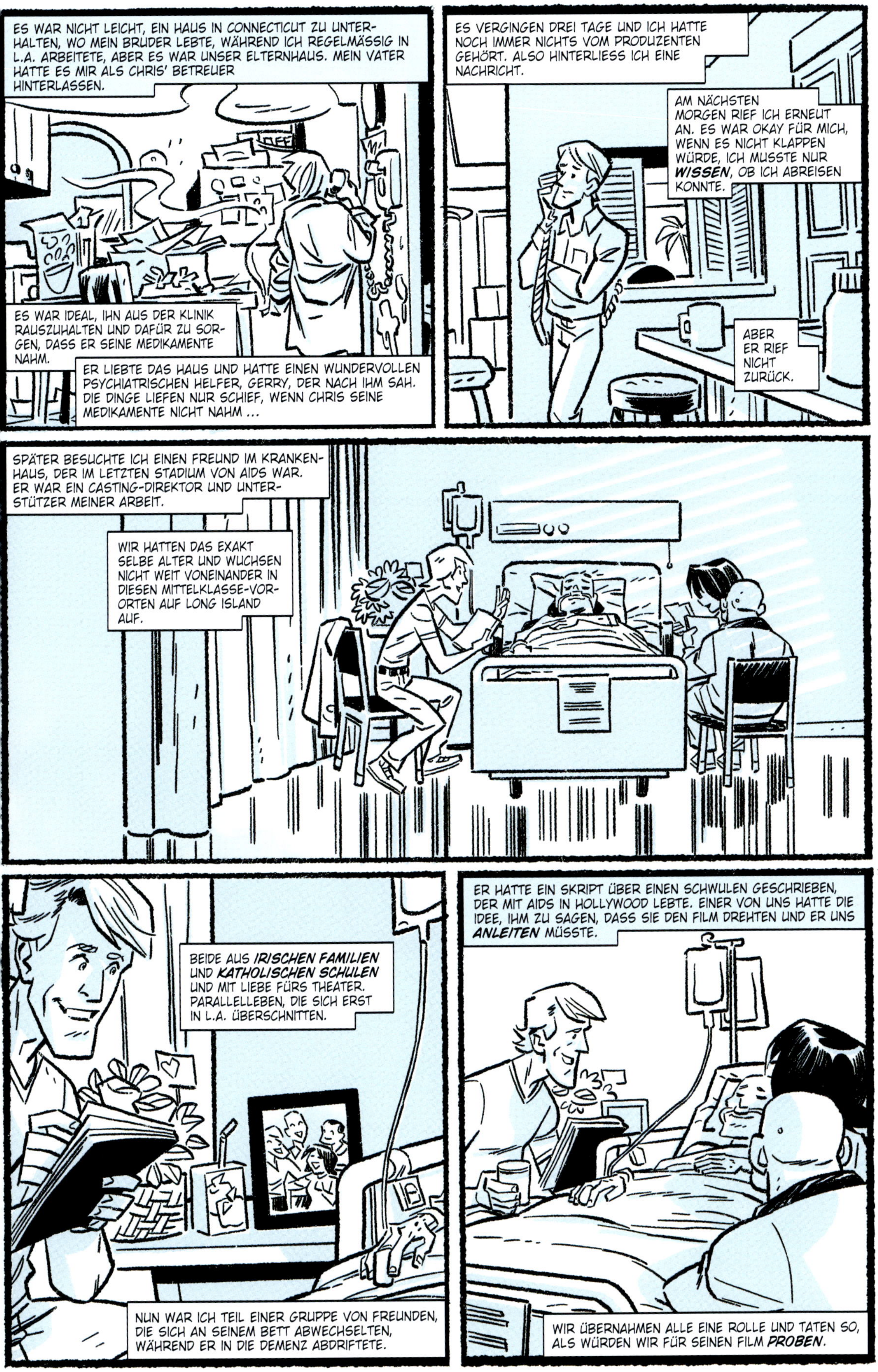
ES WAR NICHT LEICHT, EIN HAUS IN CONNECTICUT ZU UNTERHALTEN, WO MEIN BRUDER LEBTE, WÄHREND ICH REGELMÄSSIG IN L.A. ARBEITETE, ABER ES WAR UNSER ELTERNHAUS. MEIN VATER HATTE ES MIR ALS CHRIS' BETREUER HINTERLASSEN.
ES WAR IDEAL, IHN AUS DER KLINIK RAUSZUHALTEN UND DAFÜR ZU SORGEN, DASS ER SEINE MEDIKAMENTE NAHM.
ER LIEBTE DAS HAUS UND HATTE EINEN WUNDERVOLLEN PSYCHIATRISCHEN HELFER, GERRY, DER NACH IHM SAH. DIE DINGE LIEFEN NUR SCHIEF, WENN CHRIS SEINE MEDIKAMENTE NICHT NAHM ...
ES VERGINGEN DREI TAGE UND ICH HATTE NOCH IMMER NICHTS VOM PRODUZENTEN GEHÖRT. ALSO HINTERLIESS ICH EINE NACHRICHT.
AM NÄCHSTEN MORGEN RIEF ICH ERNEUT AN. ES WAR OKAY FÜR MICH, WENN ES NICHT KLAPPEN WÜRDE, ICH MUSSTE NUR WISSEN, OB ICH ABREISEN KONNTE.
ABER ER RIEF NICHT ZURÜCK.
SPÄTER BESUCHTE ICH EINEN FREUND IM KRANKENHAUS, DER IM LETZTEN STADIUM VON AIDS WAR. ER WAR EIN CASTING-DIREKTOR UND UNTERSTÜTZER MEINER ARBEIT.
WIR HATTEN DAS EXAKT SELBE ALTER UND WUCHSEN NICHT WEIT VONEINANDER IN DIESEN MITTELKLASSE-VORORTEN AUF LONG ISLAND AUF.
BEIDE AUS IRISCHEN FAMILIEN UND KATHOLISCHEN SCHULEN UND MIT LIEBE FÜRS THEATER. PARALLELLEBEN, DIE SICH ERST IN L.A. ÜBERSCHNITTEN.
NUN WAR ICH TEIL EINER GRUPPE VON FREUNDEN, DIE SICH AN SEINEM BETT ABWECHSELTEN, WÄHREND ER IN DIE DEMENZ ABDRIFTETE.
ER HATTE EIN SKRIPT ÜBER EINEN SCHWULEN GESCHRIEBEN, DER MIT AIDS IN HOLLYWOOD LEBTE. EINER VON UNS HATTE DIE IDEE, IHM ZU SAGEN, DASS SIE DEN FILM DREHTEN UND ER UNS ANLEITEN MÜSSTE.
WIR ÜBERNAHMEN ALLE EINE ROLLE UND TATEN SO, ALS WÜRDEN WIR FÜR SEINEN FILM PROBEN.

ICH VERSUCHTE, NOCH EIN LETZTES MAL DEN PRODUZENTEN ZU ERREICHEN. ICH HATTE ENTSCHIEDEN ZU GEHEN, FALLS ER SICH IMMER NOCH NICHT RÜHRTE.
DOCH ES KLICKTE UND ICH HÖRTE SEINE STIMME …
HEY, SCHWUCHTEL, WIE LÄUFT'S?
WIEDER DIESER SCHLAG IN DEN MAGEN, WIE DAMALS MIT DEM BESOFFENEN SCHAUSPIELER.
SORRY, WIR WERDEN DICH NICHT BRAUCHEN. ICH HABE DICH DORT VORGESTELLT UND, MANN, DIE REAKTION WAR NICHT, WAS ICH ERWARTET HATTE.
ICH MEIN, WOW, ES GIBT VIEL ÜBER DICH, WAS ICH NICHT WUSSTE.
DU HÄTTEST MICH WARNEN KÖNNEN, BEVOR ICH MICH SO BLAMIERE.
HÖR ZU, EIN KLEINER TIPP VON MIR … VERGISS DIESEN SENDER. DIE WERDEN DICH NIE FÜR EINE HAUPTROLLE BUCHEN. HAB EINE GUTE REISE UND VIEL GLÜCK, OKAY?
ICH WAR WIE GELÄHMT. VERLOREN. ICH SASS EINFACH NUR DA UND STARRTE IN EINE LEERE, DIE SICH ÜBER 20 JAHRE ERSTRECKTE.
DIE 20 JAHRE, SEIT ICH ALS 17-JÄHRIGER AN DER JUILLIARD MEINE SCHAUSPIELKARRIERE BEGINNEN SOLLTE.
DIE 20 JAHRE, IN DENEN ICH MIR EINREDETE, DASS ICH MICH IN DIESEM GESCHÄFT BEHAUPTEN UND EIN ÖFFENTLICHES UND PRIVATES LEBEN HABEN KÖNNTE.
DIE 20 JAHRE, IN DENEN ICH DACHTE, ICH KÖNNTE MEHR SEIN ALS NUR IRGENDEINE „SCHWUCHTEL".

AM NÄCHSTEN TAG REISTE ICH AB. ICH HATTE ES LANGE GENUG AUFGESCHOBEN.
ALS ICH AM HAUS ANKAM UND KLINGELTE, MACHTE NIEMAND AUF. ICH KLINGELTE NOCH MAL. NICHTS.
ICH HATTE EINEN SCHLÜSSEL, WOLLTE ABER CHRIS' PRIVATSPHÄRE RESPEKTIEREN UND IHN DIE TÜR AUFMACHEN LASSEN. NICHTS.
ALSO SPERRTE ICH AUF. INNEN WAR ALLES VOLLER DICHTEM ZIGARETTENQUALM.
CHRIS?
WA--? WER IST DA? WER IST DA?
CHRIS? STEH AUF. NA KOMM, STEH AUF.
WAS?
STEH AUF! WER IST AUF?! ES GEHT NUR UM NIXON ... UND EHRLICHMAN.
LECK MICH! LECK MICH!
DU SCHWUCHTEL!
IN MIR ZERBRACH ETWAS. DIE ART, WIE ER DIESE WORTE KEIFTE, SCHNITT MIR TIEF INS HERZ.
ICH RIEF DIE NERVENKLINIK UND GERRY AN. ES WÜRDE KOMPLIZIERT WERDEN, ABER CHRIS MUSSTE WIEDER EINGEWIESEN WERDEN.

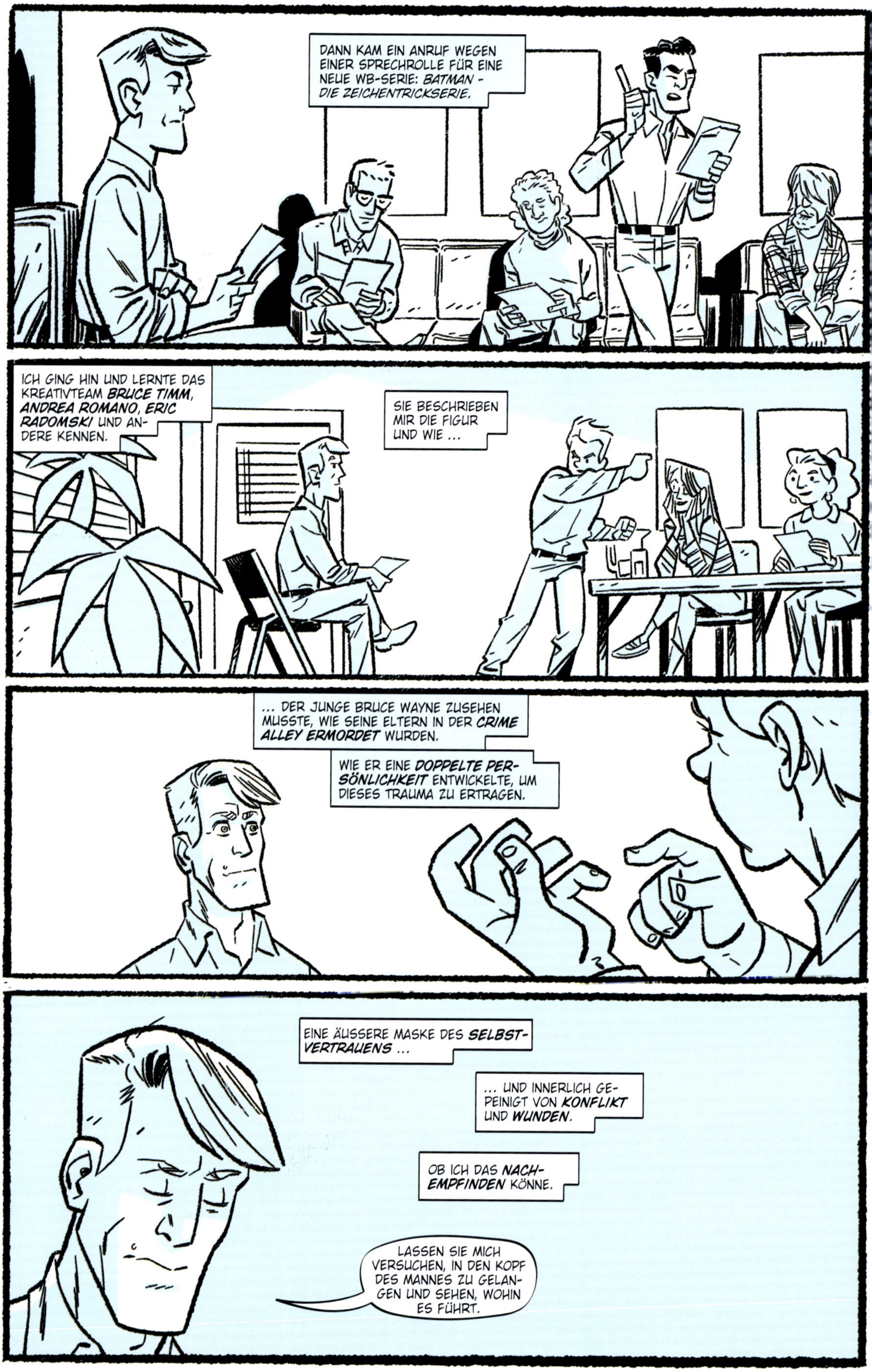

DANN KAM EIN ANRUF WEGEN EINER SPRECHROLLE FÜR EINE NEUE WB-SERIE: *BATMAN - DIE ZEICHENTRICKSERIE.*
ICH GING HIN UND LERNTE DAS KREATIVTEAM ***BRUCE TIMM, ANDREA ROMANO, ERIC RADOMSKI*** UND ANDERE KENNEN.
SIE BESCHRIEBEN MIR DIE FIGUR UND WIE …
… DER JUNGE BRUCE WAYNE ZUSEHEN MUSSTE, WIE SEINE ELTERN IN DER ***CRIME ALLEY ERMORDET*** WURDEN.
WIE ER EINE ***DOPPELTE PERSÖNLICHKEIT*** ENTWICKELTE, UM DIESES TRAUMA ZU ERTRAGEN.
EINE ÄUSSERE MASKE DES ***SELBSTVERTRAUENS …***
… UND INNERLICH GEPEINIGT VON ***KONFLIKT*** UND ***WUNDEN***.
OB ICH DAS ***NACHEMPFINDEN*** KÖNNE.
LASSEN SIE MICH VERSUCHEN, IN DEN KOPF DES MANNES ZU GELANGEN UND SEHEN, WOHIN ES FÜHRT.

ICH STELLTE MIR MICH SELBST ALS DER JUNGE BRUCE VOR, WIE ICH MEINE ELTERN VOR MIR STERBEN SAH.
ICH SAH, WIE SIE IM SCHMUTZ IN IHREM EIGENEN BLUT LAGEN.
ICH SAH MEINEN VATER, WIE ER BETRUNKEN IN SEINEM BLUT LAG.
ALS BRUCE HIELT ICH SIE, TRÖSTETE SIE IN MEINEN ARMEN ...
... ALS KEVIN WIEGTE ICH MEINEN UM SEIN LEBEN RINGENDEN VATER.
ALS KEVIN HIELT ICH CHRIS FEST ... WÄHREND ER DIE IHN PLAGENDEN STIMMEN ANSCHRIE.
ALS BRUCE FÜHLTE ICH MICH NACH DEM GRAUSAMEN VERLUST MEINER ELTERN VERLOREN UND NICHT SICHER, WER ICH WAR.
SO VERLOREN WIE EIN SCHAUSPIELER, DESSEN IDENTITÄT IHM ENTRISSEN WURDE.
WER WAR ICH? WAR ICH MEIN ÖFFENTLICHES ODER PRIVATES GESICHT?
MEIN HERZ KLOPFTE, ICH ERRÖTETE, MEIN ATEM WURDE TIEFER, ICH BEGANN ZU SPRECHEN UND HERAUS KAM EINE STIMME, DIE ICH NICHT WIEDERERKANNTE. EIN KEHLIGER, HEISERER, GROLLENDER LAUT.
EIN LAUT AUS 30 JAHREN FRUSTRATION, VERWIRRUNG, VERLEUGNUNG, LIEBE, SEHNSUCHT ...
SEHNSUCHT NACH WAS? EINEM ANKER, EINEM HAFEN, EINEM GEFÜHL DER SICHERHEIT, EINEM GEFÜHL DER IDENTITÄT.
JA, ICH KANN ES NACHEMPFINDEN.
JA, AUF DIESEM GEBIET KENNE ICH MICH AUS.
ICH SPÜRTE, WIE BATMAN AUS MEINEM TIEFEN INNEREN EMPORSTIEG.
Ende

DC PRIDE: TIM DRAKE SPECIAL #1
Cover von BELÉN ORTEGA und LUIS GUERRERO

ORACLE AN ... WELCHEN CODENAMEN BENUTZT DU JETZT? RED ROBIN? NUR ROBIN? ALSO DRAKE NENNE ICH DICH NICHT.
IRGENDJEMAND ENTFÜHRT TEENAGER IN GOTHAM.
ROBIN IST OKAY, ORACLE. ZUMINDEST SO LANGE DAMIAN WEG IST.
ICH WEISS NICHT, WER ES IST. ES GIBT KEINE LÖSEGELDFORDERUNGEN. KEINEN KONTAKT.
PRIMA! HAST DU KURZ ZEIT?
ES IST, ALS WÄREN SIE ...
TIM DRAKE IN
DIE SUMME UNSERER TEILE
KAPITEL 1
MEGHAN FITZMARTIN STORY
BELÉN ORTEGA ZEICHNUNGEN
ALEJANDRO SÁNCHEZ FARBEN
CAROLIN HIDALGO ÜBERSETZUNG
WALPROJECT LETTERING
DAVE WIELGOSZ REDAKTION USA
... VERSCHWUNDEN.
FÜR DICH? IMMER.
ZOOM REIN.
DIE ENTFÜHRUNGEN ERGEBEN KEINEN SINN. VERSCHIEDENE KINDER. UNTERSCHIEDLICHES ALTER. ANDERE HINTERGRÜNDE. DAS EINZIGE, WAS SIE GEMEINSAM HABEN, IST IHRE JUGEND. SIE ALLE FINDEN SICH NOCH SELBST.
UNTERSUCHST DU NICHT DIESE ENTFÜHRUNGEN?
CLICK
ICH KANN DIR VERSTÄRKUNG SCHICKEN. ICH GLAUBE, SPOILER IST IN DER NÄHE.
WIE ICH.
CLICK
MIT WAS BRAUCHST DU HILFE, ORACLE?

THWP
NUN, ICH HABE VIELLEICHT EIN PROBLEM, VON DEM ICH DIR BERICHTEN WILL.
ICH REBOOTE DIE BAT-COMPUTER-SYSTEME, UM SICHERZUSTELLEN, DASS DIE SOFTWARE AUF DEM NEUESTEN STAND IST. IST EINE WEILE HER, SEIT EINER VON UNS EINEN DIAGNOSETEST HAT LAUFEN LASSEN.
ABER SEIT DEM UPDATE LÄUFT ALLES LANGSAMER ALS ZUVOR.
ACK!
WSHHH
SO SEHR, DASS ES SCHNELLER GEHT, DICH ZU FRAGEN, WO DU BIST, ALS DICH IM NETZ ZU SUCHEN.
WAS ZUM TEUFEL?!
SORRY, ICH WOLLTE EUCH NICHT ERSCHRECKEN. ICH BRAUCH NUR INFORMATIONEN.
AM BESTEN IN DEN NÄCHSTEN 15 MINUTEN. ICH HAB'S EIN WENIG EILIG.
DAS WÜRDE ICH VON EINEM STANDARDSYSTEM ERWARTEN, ABER KEINEM ORIGINAL VON TIM DRAKE.
LAUF. LAUF!
TOLLE ARBEIT, ROBIN.
OKAY, ORACLE, ÖFFNE DEN SYSTEMKERN.
SHKKK

DSHHH
IST OFFEN.
WSHHHH
-HUST- -HUST- -HUST-
-HCK- -ACK- -HCK-
GIB EIN: IDENTITÄT.
DAS WAR'S?
NEIN, ABER WENN DU ZUR BASIS DES IDENTITÄTSPROGRAMMS KOMMST, KANNST DU DICH DURCH DEN REST DER SYSTEME ARBEITEN.
EINE SEKUNDE, ORACLE.
JETZT.
HI, MAC. HI, JACK. TOLLE NAMEN.
HÖRT ZU, ICH WEISS, EURE FREUNDIN CLAIRE WIRD VERMISST.
ABER SIE IST NUR EINE VON ZWÖLF VERMISSTEN KIDS IN DEN LETZTEN TAGEN UND DIE POLIZEI IST RATLOS.
ICH WILL SIE ZURÜCKBRINGEN. KÖNNT IHR EUCH AN ETWAS AUFFÄLLIGES IN DEN TAGEN VOR IHRER ENTFÜHRUNG ERINNERN?
HAT SIE IRGENDWAS GESAGT ODER GETAN? JEDE KLEINIGKEIT KANN HILFREICH SEIN.
MANN, WARUM FRAGST DU UNS?
WEIL ICH GLAUBE, CLAIRE HAT NICHT VIEL MIT IHREN ELTERN GEREDET.
JA, SIE ... STAND AUF IRGENDWAS SCHRÄGES. HAT NICHT GESAGT, WAS, ABER ...
ICH HAB SIE MAL WAS TEXTEN SEHEN. SIE SAGTE, SIE WARTE AUF IRGENDWAS ...
DAS CHAOS-MONSTER.
NA JA, IMMERHIN ETWAS ...
ES HAT ALSO GEKLAPPT?
BIST DU GERADE ERNSTHAFT MITTEN IN EINEM FALL?
NATÜRLICH HAT ES GEKLAPPT. ES IST DEIN SYSTEM. UND EIN ECHT GUTES.
WILLST DU SICHER NICHT AN DIE IVY TOWN-UNI?

HÖR AUF, BARBARA. UND REDE NICHT MIT MEINER **EX** ÜBER MICH.
WIR SIND BESORGT, TIM.
ICH GEHE UM NEUN OFFLINE ...
NIMM DIR ZEIT, DICH MIT **DIR** SELBST AUSEINANDERZUSETZEN.
VIELLEICHT WAR DIE IVY TOWN-UNI NICHTS FÜR DICH. ABER DU WIRST NIE RAUSFINDEN, WAS DIR GEFÄLLT, WENN DU STÄNDIG DAMIT BESCHÄFTIGT BIST, DIE PROBLEME **ANDERER** ZU LÖSEN.
WEIL DU **ANGST** HAST.
ANGST DAVOR, DASS, WENN DU DEINEN **BRILLANTEN VERSTAND** BENUTZT, UM DICH SELBST ZU ANALYSIEREN, ETWAS FINDEN WIRST, WAS DICH VERÄNDERT.
... TIM?
ICH TREFFE MICH JETZT MIT EINEM ALTEN FREUND.
TIM ...
PUM

BINCYS BAR UND GRILL
WARUM TUE ICH DAS?
ICH SOLLTE DAS MIT DEM CHAOS-MONSTER UNTER-SUCHEN.
UND WIR BRAUCHEN *DEFINITIV* MODERNERE KLAMOTTEN IN DEN MIKROHÖHLEN.
DIE FÜHLEN SICH WIE DICKS ALTE SACHEN AN. WIE KANN EIN MANN SCHULTERN SO BREIT WIE DER GRAND CANYON HABEN?
WARUM BIN ICH SO NERVÖS? SCHON GUT, TIM. DU HAST IHN LANGE NICHT GESEHEN, ABER ER IST IMMER NOCH DERSELBE.
HAT ORACLE RECHT? HABE ICH ANGST ZU--
TIM?
TAP

BERNARD! DA BIST DU JA.
ES FÜHLT SICH AN WIE JAHRE, ABER ER SIEHT NOCH IMMER AUS … WIE …*
SETZEN WIR UNS? HAB GEHÖRT, HIER GIBT ES GUTE BURGER.
IST ECHT SO.
* BERNARD DOWD. WAR 2004 IN DER US-ROBIN-SERIE KURZ ZU SEHEN.
DAMIT EINS KLAR IST …
… WIR TEILEN DIE RECHNUNG NICHT, TIM WAYNE.

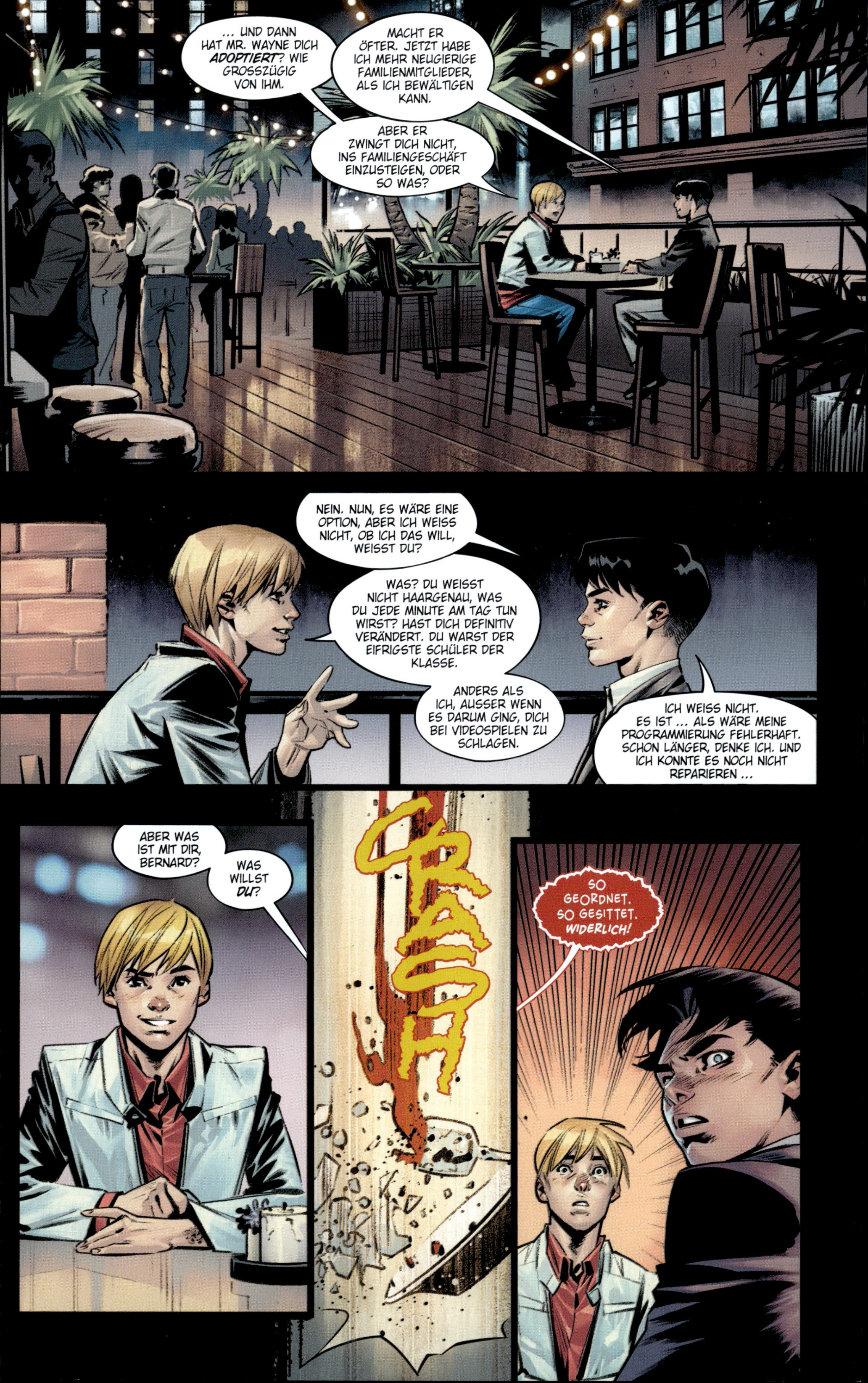
… UND DANN HAT MR. WAYNE DICH ADOPTIERT? WIE GROSSZÜGIG VON IHM.
MACHT ER ÖFTER. JETZT HABE ICH MEHR NEUGIERIGE FAMILIENMITGLIEDER, ALS ICH BEWÄLTIGEN KANN.
ABER ER ZWINGT DICH NICHT, INS FAMILIENGESCHÄFT EINZUSTEIGEN, ODER SO WAS?
NEIN. NUN, ES WÄRE EINE OPTION, ABER ICH WEISS NICHT, OB ICH DAS WILL, WEISST DU?
WAS? DU WEISST NICHT HAARGENAU, WAS DU JEDE MINUTE AM TAG TUN WIRST? HAST DICH DEFINITIV VERÄNDERT. DU WARST DER EIFRIGSTE SCHÜLER DER KLASSE.
ANDERS ALS ICH, AUSSER WENN ES DARUM GING, DICH BEI VIDEOSPIELEN ZU SCHLAGEN.
ICH WEISS NICHT. ES IST … ALS WÄRE MEINE PROGRAMMIERUNG FEHLERHAFT. SCHON LÄNGER, DENKE ICH. UND ICH KONNTE ES NOCH NICHT REPARIEREN …
ABER WAS IST MIT DIR, BERNARD?
WAS WILLST DU?
CRASH
SO GEORDNET. SO GESITTET. WIDERLICH!

AHHHHH!
WIRD ZEIT, DASS GOTHAM EIN WENIG CHAOS ERFÄHRT.
DER KELLNER! ER IST TOT!

BERNARD, UNTER DEN TISCH!
WAS ZUM TEUFEL? CHAOS-MONSTER?
WARUM HIER AUFTAUCHEN? WARUM SICH JETZT ZEIGEN? ER WIRD MUTIGER.
ICH MUSS IHN AUFHALTEN, BEVOR ER NOCH JEMANDEN ENTFÜHRT ODER TÖTET.
EIN KAMPF GEGEN CHAOS?
EIN DIREKTER ANGRIFF WIRD IHN ÜBERRASCHEN, DANN KANN I--
CRKKK
WAS?! WIE KONNTE ER SICH SO BEWEGEN?!
ICH BIN UNBESIEG-BAR.
ICH BIN *CHAOS.*
WSHHH
WAS ZUM TEUFEL IST DA--
NIMM MICH AN.
CHLOROFORM-PUDER?! WIESO HAT ER ...
HAT ... BERNARD ...

SYSTEMCHECK. OFFLINE.
NA LOS. NA LOS. NEUSTART. MUSS AUFSTEHEN. MUSS ...
... MUSS CHAOS-MONSTER AUFHALTEN.
KLEI-NER?
ALLES OKAY, KLEINER?
MUSS ZU BERNARD ...
BERNARD?
MEIN FREUND. WO IST ER?
DU MEINST DIESEN BLONDEN JUNGEN, ODER?
JA ... BERNARD.
DEIN FREUND, ER ...
... ER WURDE ENTFÜHRT.

JETZT
OKAY, TIM DRAKE ...
ICH GLAUBE LANGSAM, DU HAST DICH EIN BISSCHEN ÜBERNOMMEN.
ALLEIN HIERHER-ZUKOMMEN, IST MEHR ALS IMPULSIV.
BIN NICHT IMPULSIV.
ICH WEISS NICHT, WAS ICH BIN.
ABER ICH WEISS, UM BERNARD ZU FINDEN ...
... UND DIE ANDEREN ENTFÜHRTEN TEENAGER ...
CREEEEEAK
... MUSS ICH MÖGLICHST JEDE TÜR EINTRETEN.
FÜR EINEN SCHMERZKULT KNÜPFEN SIE VERDAMMT LASCHE KNOTEN.
DREI STUNDEN? DIE MEISTEN WÄREN SCHON LÄNGST EIN-GEKNICKT.
ICH DENKE, ER IST EIN KANDIDAT, LACOSTE.
HMM.
CLICK
WAS SAGST DU, JUNGE? DU BIST WEGEN ANTWORTEN HIER, NICHT? AUF ALLE FRAGEN DES LEBENS?
ICH NEHME, WAS IHR ANZUBIE-TEN HABT.
DAS DENKEN SIE ALLE, ABER ...
... MAL SEHEN, OB ES STIMMT.

VOR ZWEI TAGEN
WAS? DU WARST WÄHREND DEINER PATROUILLE IN EINEM RESTAURANT?
ICH HABE AUCH MAL FREI.
NUN, ORACLE MEINTE, DU HÄTTEST DIR SEITDEM KEINE NACHT MEHR FREIGENOMMEN.
MEIN FREUND WURDE ENTFÜHRT, SPOILER, WAS SOLL ICH SONST TUN?
REDE MIT MIR. DAS HABEN WIR SEIT UNSERER TRENNUNG NICHT GETAN.
ICH WEISS, ES IST UNMÖGLICH VONEINANDER AUF ABSTAND ZU GEHEN, ABER DU MUSST DICH NICHT SO TIEF IN DEINEN GEFÜHLEN VERGRABEN, DASS DU DICH AM ENDE SELBST BESTRAFST.
WENN DU NICHT HELFEN WILLST, MACH ICH ES EBEN ALLEIN.
ICH VERSUCHE ES! ABER DU MUSST MIR SAGEN ...
WSHHHH
... WAS DU WILLST, TIM.
„ICH GLAUBE, ICH HABE MEHR VON DIR GEHÖRT, ALS ICH TOT WAR."
„SUPERBOY?
„STEPHANIE HAT DICH GERUFEN, ODER?"
THUP
„SIE IST BESORGT. SAGT, DU SEIST KOMISCH.
„ICH HAB GESAGT, DAS IST DOCH NICHTS NEUES."
DU WÜRDEST NICHT ANRUFEN, WÄRST DU NICHT AUCH BESORGT.
WAS IST LOS, TIM? WER IST BERNARD?
EIN ... FREUND ... IN GEFAHR.
KANN ICH HELFEN? WAS BRAUCHST DU?
CLICK
... ICH WEISS NICHT, CONNER.

DAS DOWD-HAUS.
IST EWIG HER, DASS ICH HIER WAR.
HAB'S AUCH NICHT VERMISST.
BERNARDS ELTERN MOCHTEN MICH NIE. KEINE AHNUNG, WARUM.
SIE WOLLTEN IMMER ALLES GANZ GENAU HABEN. PERFEKT ARRANGIERT. UND BERNARD ...
WIR WISSEN NICHT, WAS PASSIERT IST, COMMISSIONER MONTOYA.
ABER TEENAGER SIND JA IMMER IN IRGENDETWAS VERWICKELT.
BERNARD WURDE IHREN ANSPRÜCHEN NIE GANZ GERECHT.
WIE WAR ER IN LETZTER ZEIT?
... MANISCH? UND PHILOSOPHISCH, „DER TRICK FÜR DAS LEBEN IST IN SCHMERZ VERPACKT" UND SO EIN SCH-- ÄH, KRAM.
SONST NOCH ETWAS?
ÄH, JA. ER HATTE 'NE MENGE STRIEMEN AUF ARMEN UND BEINEN. ER HAT SIE UNTER SEINEN KLAMOTTEN VERSTECKT, ABER ICH HABE SIE EIN PAARMAL GESEHEN. DACHTE ABER ES WÄRE, NA JA, VON ZU HAUSE.
IST ER OKAY?
STRIEMEN AM KÖRPER?
BERNARD ... IN WAS BIST DU DA REINGERATEN?
WELCHE ANTWORTEN HAST DU GESUCHT?

JETZT
WIR STELLEN UNS IM LEBEN VIELE FRAGEN.
CRSHHHH
WAS IST DIE BEDEUTUNG DES LEBENS?
WHHHHPPP
WAS KANN ICH NICHT IM LEBEN FINDEN?
SHRIIIP
WAS WILL ICH?
UND WAS WILLST DU, JUNGER MANN?

WOHER SOLL ICH DAS DENN WISSEN?
SCHMERZ HILFT UNS, UNSERE TIEFSTEN WÜNSCHE AUSZUSPRECHEN. ES ERGIBT SINN, DASS DU NICHT WEISST, WAS DU WILLST. DU HAST SCHON *ALLES*.
WAS KÖNNTE DER ADOPTIVSOHN VON BRUCE WAYNE SCHON NOCH WOLLEN?
IHR WISST, WER ICH BIN?
TUG TUG TUG
KLAR WISST IHR DAS. HAB'S LEICHT GEMACHT, ES HERAUSZUFINDEN.
DAS MACHT DICH ZU EINEM SO BRAUCHBAREN KANDIDATEN. EIN INTELLIGENTER JUNGER MANN VOLLER POTENZIAL, ABER VOM ÜBERDRUSS ZERFRESSEN. WIE SO VIELE DEINER ALTERSGENOSSEN.
ABER ES FEHLT NOCH DER LETZTE TEIL DES VORSTELLUNGSGESPRÄCHS. NORMALERWEISE SAGEN WIR DEN KANDIDATEN NICHT, WANN ES PASSIERT, ABER LEIDER FEHLT UNS IM MOMENT DIE ZEIT, ALSO …
… GEH UND WARTE AUF DEM DACH.

VOR EINEM TAG
DAS GCPD KRIEGT ÜBUNG DARIN, UNS AUSZUSPERREN.
VOR EIN PAAR MONATEN HÄTTE ICH NOCH IHRE DATENBANK HACKEN UND DIE AKTE ZU BERNARDS FALL AUFRUFEN KÖNNEN.
ABER ICH KONNTE ÜBERHAUPT KEINE AKTEN VON DIESEM DETECTIVE WILLIAMS FINDEN. VERSTECKT ER SIE VOR UNS … ODER DEM GCPD?
ZRRRP
NA ALSO … HIER HAT ER GESCHRIEBEN.
DIONYSOS? WAS FÜR EINE HORRORSHOW GING DA BITTE AB, BERNARD?
WAS HAST DU VERSTECKT?
ICH DACHTE, WIR SOLLTEN NICHT MIT EUCH LEUTEN ZUSAMMENAR-BEITEN?
ROBIN, RICHTIG?
PARKEN SIE DESHALB HEUTE SO WEIT WEG VOM DOWD-HAUS?
DU MUSST MIR VERZEIHEN. ICH BIN DER NEUE. DETECTIVE WILLIAMS.
IHRE AKTEN SIND NICHT IN DER GCPD-DATENBANK, ABER ÜBERALL IN IHREM WAGEN VERTEILT.
ENTWEDER SIND IHNEN MÜLLEIMER FREMD ODER SIE WOLLTEN ES MIR LEICHT MACHEN.

ICH HATTE EINE AHNUNG. SO WIE DU.
BERNARD IST NICHT DER ERSTE, DER VERSCHWUNDEN IST. DAS GEHT SCHON SEIT WOCHEN SO UND DIE POLIZEI TUT NICHTS, UM SIE ZU FINDEN.
DER COMMISSIONER KRIEGT DRUCK, SIE AUSREISSER ZU NENNEN.
DAS IST QUATSCH. ICH WEISS, JEDE GESCHICHTE IST ANDERS, ABER ETWAS KOMMT DIESE KIDS HOLEN, ETWAS NAMENS CHAOS-MONSTER.
ETWAS, DAS SICH VON IHRER GEMEINSAMKEIT ERNÄHRT. IHRE SUCHE …
… NACH ANTWORTEN.
UND SIE GLAUBEN, DIESE „KINDER DES DIONYSOS" SIND INVOLVIERT.
JA, EIN NEUER KULT. SPEZIALISIERT AUF SCHMERZ.
ICH WEISS. ICH HABE EINE LISTE MIT JEDEM KULT, DER IN GOTHAM AUFTAUCHT.
KEINE ÜBERRASCHUNG, DASS ES EINE SEHR LANGE LISTE IST.
UND WAS WEISST DU ÜBER DIESEN?
DIONYSOS. GRIECHISCHER GOTT DES WEINS UND THEATERS, DER EKSTASE UND DES …
CHAOS.
ICH HABE KEINE BEWEISE. KEINEN DURCHSUCHUNGSBEFEHL, UM AN DIESE KINDER ZU KOMMEN.
ABER ICH DENKE, DU KANNST TUN, WAS ICH NICHT KANN.
ICH WILL, DASS DU SIE FINDEST. DU MUSST SIE FINDEN.

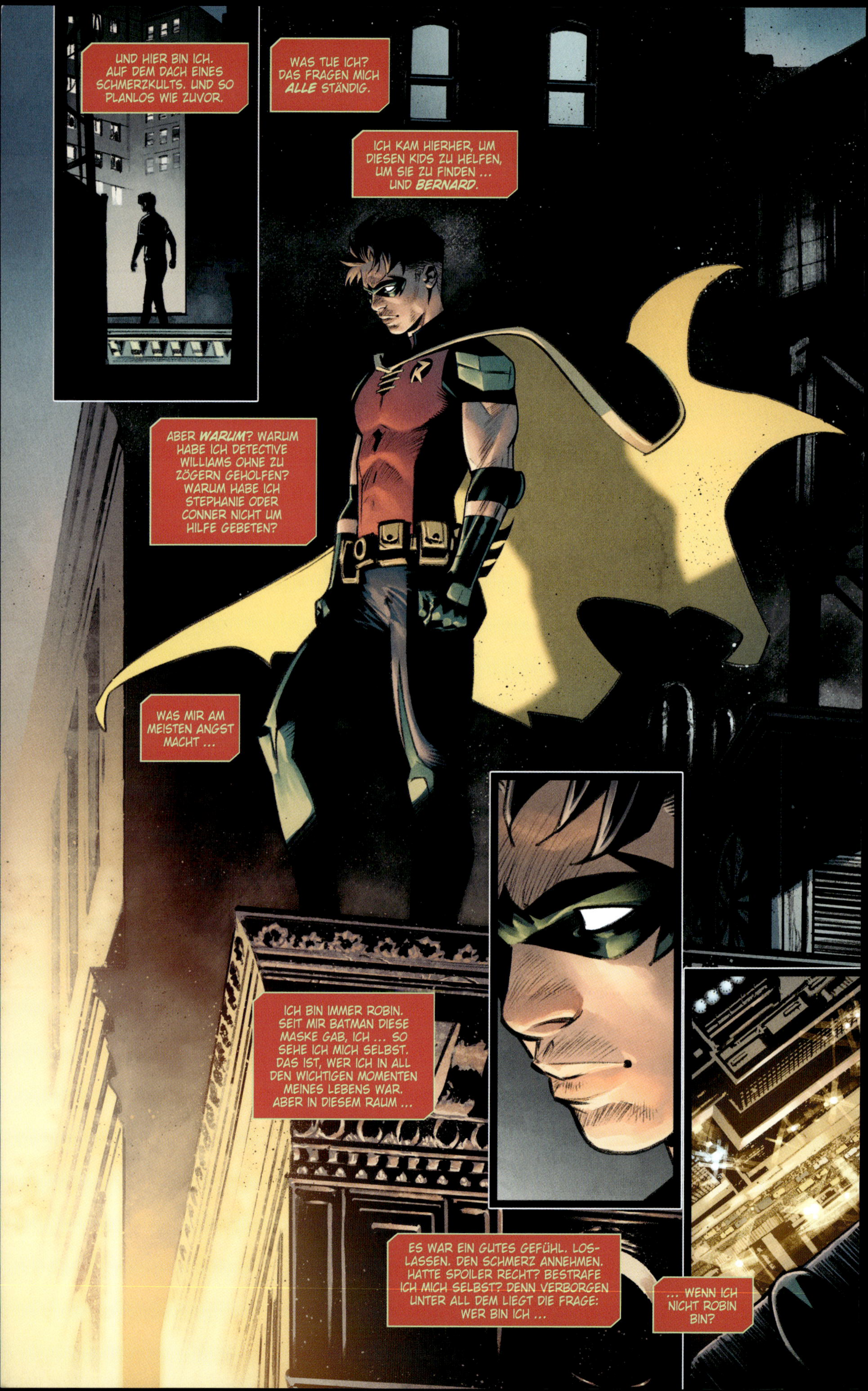
UND HIER BIN ICH. AUF DEM DACH EINES SCHMERZKULTS. UND SO PLANLOS WIE ZUVOR.
WAS TUE ICH? DAS FRAGEN MICH ALLE STÄNDIG.
ICH KAM HIERHER, UM DIESEN KIDS ZU HELFEN, UM SIE ZU FINDEN … UND BERNARD.
ABER WARUM? WARUM HABE ICH DETECTIVE WILLIAMS OHNE ZU ZÖGERN GEHOLFEN? WARUM HABE ICH STEPHANIE ODER CONNER NICHT UM HILFE GEBETEN?
WAS MIR AM MEISTEN ANGST MACHT …
ICH BIN IMMER ROBIN. SEIT MIR BATMAN DIESE MASKE GAB, ICH … SO SEHE ICH MICH SELBST. DAS IST, WER ICH IN ALL DEN WICHTIGEN MOMENTEN MEINES LEBENS WAR. ABER IN DIESEM RAUM …
ES WAR EIN GUTES GEFÜHL. LOSLASSEN. DEN SCHMERZ ANNEHMEN. HATTE SPOILER RECHT? BESTRAFE ICH MICH SELBST? DENN VERBORGEN UNTER ALL DEM LIEGT DIE FRAGE: WER BIN ICH …
… WENN ICH NICHT ROBIN BIN?

CONNER HAT RECHT.
STEPHANIE HAT RECHT.
ICH MUSS HERAUSFINDEN, WAS ICH *WILL*.
UND NUN IST NOCH JEMAND AUF DEM DACH.
ENDLICH BEREIT FÜR EINEN *FAIREN KAMPF*, CHAOS-MONSTER?
EGAL, WELCHE FRAGEN ICH HABE ODER OB ICH NOCH HERAUSFINDEN WERDE, WER ICH IN DIESER WELT BIN, ICH BIN IMMER NOCH *TIM DRAKE*.
ICH KÄMPFE GEGEN DRACHEN, GEWINNE KRIEGE, RETTE MENSCHEN.
UND ICH BIN GUT DARIN.
ABER DIESE SITUATION IST SCHWERER ALS SONST. DENN ALL DIE MODI OPERANDI WAREN ANDERS. FAST SO ALS …
ALS …
GLÜCKWUNSCH!

DIE MODI OPERANDI SIND ANDERS, WEIL JEDES CHAOS-MONSTER EIN ANDERES KULTMITGLIED IST!
DU HAST ES ZUM OPFER GESCHAFFT!
TIM DRAKE IN
DIE SUMME UNSERER TEILE
KAPITEL 2
MEGHAN FITZMARTIN
STORY
BELÉN ORTEGA
ZEICHNUNGEN
ALEJANDRO SÁNCHEZ
FARBEN
CAROLIN HIDALGO
ÜBERSETZUNG
WALPROJECT
LETTERING
DAVE WIELGOSZ
REDAKTION USA

IST OKAY, ROBIN.
DU PACKST DAS.
ODER?
WWBT?
WAS WÜRDE BATMAN TUN?
ZUERST WÜRDE ER DARÜBER SPOTTEN, DASS DIE CHAOS-MONSTER TEENAGER OPFERN.
DAS SIND NICHT DIE SECHZIGER.
DANN WÜRDE ER EINGREIFEN, ÜBERZEUGT, DASS ER ALLES UNTER KONTROLLE HAT.
DASS NICHTS SCHIEFGEHT.
SO BIN ICH NICHT.
ICH WAR NUR VON EINEM ÜBERZEUGT.
BATMAN BRAUCHT ROBIN.
CHKK
AHHH!

FWOOF
ROBIN?! WIE?
BRRPH
TIM DRAKE IN
DIE SUMME UNSERER TEILE
KAPITEL 3
MEGHAN FITZMARTIN STORY
BELÉN ORTEGA ZEICHNUNGEN
ALEJANDRO SÁNCHEZ FARBEN
CAROLIN HIDALGO ÜBERSETZUNG
WALPROJECT LETTERING
DAVE WIELGOSZ REDAKTION USA
„IHR WUSSTET NICHT, MIT WEM IHR'S ZU TUN HATTET.
„WAS ICH ZU VERLIEREN HABE.
„UND ...
„... EURE MASKEN SIND SEHR UNHEIMLICH. NICHT LEICHT ZU INFILTRIEREN.
„TJA."
IHR MÖGT CHAOS? IHR KRIEGT CHAOS!
WSHHH

WO IST ER?
ICH SEHE NICHTS!
WIE GEHT ES BERNARD? BITTE SAG, ER IST ...
OKAY.
ROBIN?
LOS, RUNTER VON DEM ALTAR.
GOTT SEI DANK.
JETZT MUSS ICH IHN UND DEN REST HIER RAUSBRINGEN.
BATMAN WÜRDE SIE ÜBERLISTEN, ALLES ZU BEICHTEN, UND DROHEN, SIE VOM DACH ZU WERFEN.
DU BIST SO ANDERS. ALS WÜRDEST DU VERSUCHEN, BATMAN ZU SEIN.
DU *BIST* ES. ICH WAR ... BESESSEN VON DIR. ABER ...
SEINE HAND IST WARM. FIEBER? HABEN SIE IHM NOCH WAS ANGETAN?
TOLL. SOGAR BERNARD KRITISIERT MICH.
VERSCHWINDE VON HIER. ICH REGLE DAS ALLEIN.

DAS GLAUBST DU.
WAS?
ICH HAB TRAINIERT.
DU MUSST NICHT ALLEIN KÄMPFEN.
KKKKK
ER WEISS NICHT, WOVON ER REDET.
BATMAN ... ICH. WIR SIND ALLE ALLEIN. DAS SIND HELDEN IMMER.
CRACK
ODER?

BERNARD MUSS HIER RAUS. DAS IST DAS NÄCHSTE, WAS BATMAN TUN WÜRDE.
ABER … ICH MAG ES, IHN HIER ZU HABEN. OBWOHL WIR IN DER UNTERZAHL SIND, FÜHLE ICH MICH … *RUHIG*.
IST LANGE HER, SEIT ICH DAS BEHAUPTEN KONNTE …
ROBIN?
JA?
FALLS ICH STERBE … TUST DU WAS FÜR *MICH*?
DU WIRST NICHT--
BITTE.
SAG TIM DRAKE … ER HAT MIR GEHOLFEN, MEIN WAHRES SELBST ZU FINDEN. WER ICH BIN. SAG IHM …
… NUN, ER WEISS ES VERMUTLICH SELBST. ER IST SO KLUG. ABER SAG IHM, ICH WÜNSCHTE …
… WIR HÄTTEN UNSER DATE ABGE-SCHLOS-SEN.

JE EIN *AHA-ERLEBNIS* GEHABT?
WIE ETWAS IM ÄTHER, DAS EINEN GENECKT UND GESTICHELT HAT?
ALS WÜSSTE MAN, MAN SOLLTE AM SELBEN STRANG ZIEHEN WIE SEIN GEHIRN, ABER NICHT ALLES ERGIBT SINN?
ALLE FRAGEN MICH, WAS *ICH WILL*.
ORACLE. DICK. STEPH. SOGAR CONNER.
ABER ICH KONNTE ES NICHT GREIFEN. WAS IMMER ES WAR, WAR KNAPP AUSSER REICHWEITE.
BIS JETZT.
BIS *GERADE EBEN*.

WIR HABEN'S GESCHAFFT.
JA. SIEHT SO AUS.
ALSO ... UND WAS KOMMT JETZT?

DIESER TEIL IST VERTRAUT.
DAS AUFRÄUMEN. AUSSAGEN ABGEBEN. RAUSFINDEN, WAS PASSIERT IST.
„WAS IST PASSIERT, ROBIN?"
„KANNST DU UNS SAGEN, WAS HIER VORGEFALLEN IST?"
„WAS MÜSSEN WIR WISSEN?"
VIELLEICHT AUCH NICHT. VIELLEICHT WAR ES SCHON IMMER DA GEWESEN.
DARAUF WARTEND, DASS ES JEMAND STARTET.
SELBST WENN SIE MICH FRAGEN *WÜRDEN*, HÄTTE ICH KEINE WORTE.
ES IST, ALS HÄTTE SICH ETWAS IN EINEM PROGRAMM GEÄNDERT, VON DEM ICH NICHT MAL WUSSTE.

HEY, KID.
HÄTTEST DU DIR KEINEN ORT AM BODEN SUCHEN KÖN-NEN?
SIE SOLLTEN ES NICHT HIER RAUF SCHAFFEN.
ACH NEIN?
SIE HABEN EIN MANDAT GEGEN MEINE FAMILIE UND MICH. WEGEN DEM, WAS WIR ERWÄHLT HABEN.
ERWÄHLT? NEIN. ICH DENKE, DAS IST, WER IHR SEID.
SIE WISSEN NICHT, WER ICH BIN. ICH HABE OHNE GRUND MEINE FREUNDIN VER-LASSEN, OBWOHL ICH SIE LIEBE.
WENN SIE ES NICHT VERSTAND, DANN SIE AUCH NICHT.
WARUM ERZÄHLE ICH IHM DAS?
SO EINFACH IST ES NICHT.
ICH WEISS, WAS DU DURCHMACHST. DAS HABE ICH AUCH. DU HÄLTST ZU SEHR AN EINER VERSION VON DIR FEST, WEIL DU DENKST, DU MUSST DAZU PASSEN.
LASS LOS. WAS DU WILLST, KANNST DU UNTERWEGS RAUSFINDEN.
ICH WILL, DASS MEINE FAMILIE SICHER IST.
ICH WILL ... ICH WILL ...

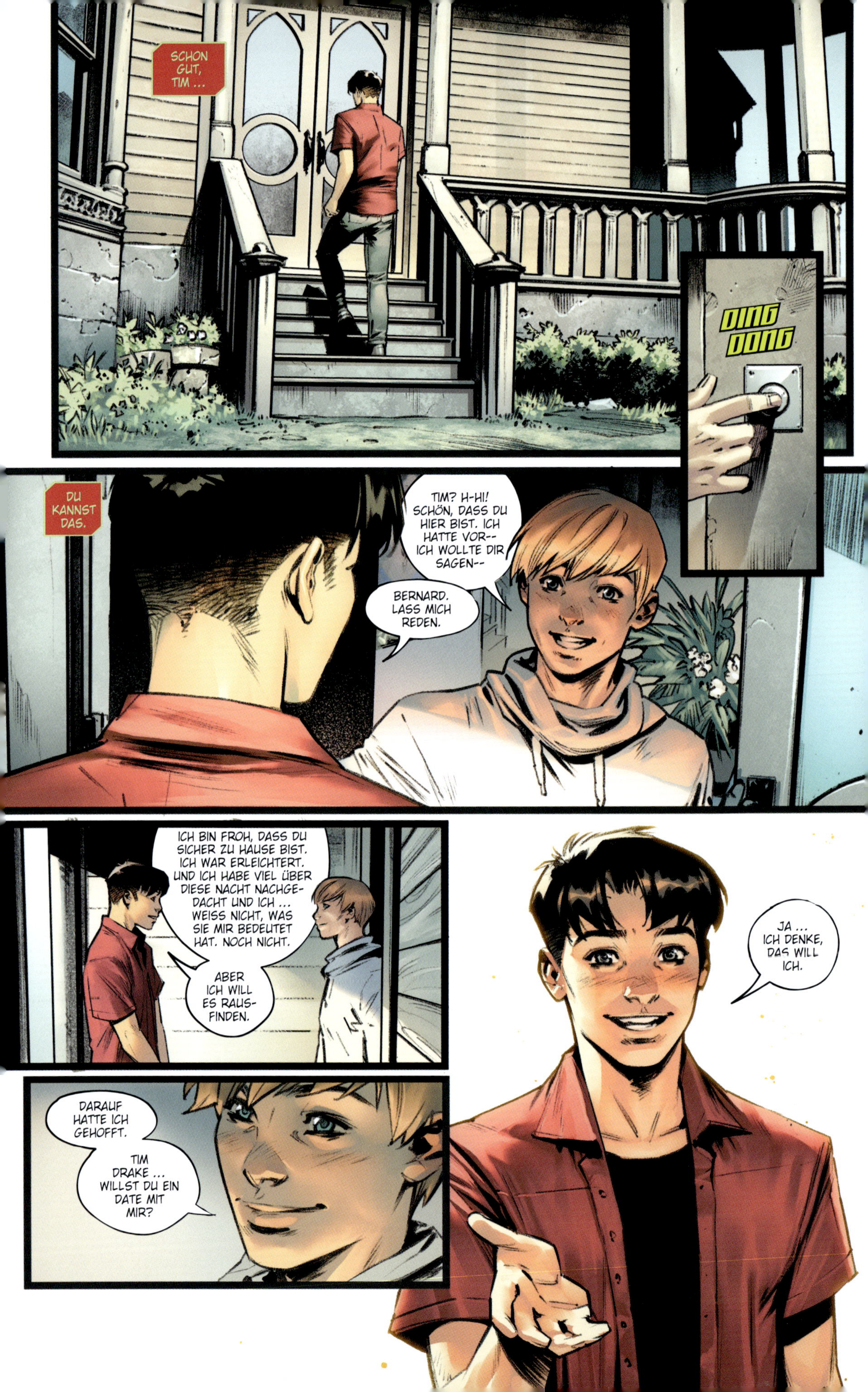
SCHON GUT, TIM …
DING DONG
DU KANNST DAS.
TIM? H-HI! SCHÖN, DASS DU HIER BIST. ICH HATTE VOR-- ICH WOLLTE DIR SAGEN--
BERNARD. LASS MICH REDEN.
ICH BIN FROH, DASS DU SICHER ZU HAUSE BIST. ICH WAR ERLEICHTERT. UND ICH HABE VIEL ÜBER DIESE NACHT NACHGEDACHT UND ICH … WEISS NICHT, WAS SIE MIR BEDEUTET HAT. NOCH NICHT.
ABER ICH WILL ES RAUSFINDEN.
DARAUF HATTE ICH GEHOFFT.
TIM DRAKE … WILLST DU EIN DATE MIT MIR?
JA … ICH DENKE, DAS WILL ICH.

DIE GARAGE, GOTHAM
SCHON EIN MONAT VORBEI.
-- UND ÜBERWACHE WEITER DEN PINGUIN. SEIN BUND MIT MR. WORTH HAT SICH AUFGELÖST*, ABER ICH WILL SICHERGEHEN--
SICHER, DASS SICH NIEMAND DIESE STICHWUNDE ANSEHEN SOLLTE?
HATTE SCHLIMMERE.
WIE GING ES DURCH DAS KEVLAR?
ICH KANN BALD WIEDER RAUS.
ÜBER EINEN MONAT.
* SIEHE BATMAN: FEAR STATE-- CARO.
WENN WIR WAS AUS DEN KÜRZLICHEN ANGRIFFEN GELERNT HABEN, DANN, DASS WIR DIE STADT NICHT ALLEIN LASSEN KÖNNEN.
ES IST, ALS STECKTE ER IN DIESER LETZTEN NACHT FEST.
IST DAS SO? ICH DACHTE, WIR WÜRDEN WIEDER AN DIE STADT GOTHAM GLAUBEN.
DAS IST ALLES, WAS ICH NOCH HABE, ORACLE ...
BRUCE, DAS IST NI--
AAHH!
SLSH

BRAUCHST DU HILFE?
ZUERST SCHIEN ER OKAY ZU SEIN.
UND ...
ABER DAS IST NICHT DAS ERSTE, WAS IM LETZTEN MONAT DURCH DAS KEVLAR DRANG.
... ICH HABE EINEN NEUEN FALL. WILLST DU, ÄH ... MIT MIR DARAN ARBEITEN?
ER IST MEIST DÜSTER UND BRÜTEND, ABER NICHT *SO*.
WIE FRÜHER.
HAT DAS IRGENDETWAS MIT DEINEM MYSTERIÖSEN TRIPP NACH BLÜDHAVEN ZU TUN, TIM?
„TUT MIR LEID."

VOR EIN PAAR TAGEN, BLÜDHAVEN
ZWISCHEN MIR UND MEINEM ... ÄH, BRUCE, IST ES SELTSAM. IRGENDWAS STIMMT NICHT UND ICH WEISS NICHT, WIE ICH ES RICHTEN SOLL.
BIST DU DESHALB IN BLÜDHAVEN?
ICH HAB DIR DOCH VON DICK ERZÄHLT. ER IST ... WIE MEIN ÄLTERER BRUDER. ER KENNT BRUCE LÄNGER ALS ICH UND WIRD WISSEN, WAS ZU TUN IST.
KLINGT HART.
MICH ZU DATEN, IST HÄRTER, ODER?
ACH, FAMILIEN-DRAMEN SIND MIR NICHT FREMD.
ICH MACH'S WIEDER GUT. VERSPROCHEN, BERNARD.
MACH DIR KEINEN KOPF, TIM. DU FEHLST MIR, ABER ICH VERSTEHE. TU, WAS DU TUN MUSST, UND WIR SEHEN UNS DANACH.
HAHAHA!
ICH WILL NUR, DASS DU GLÜCKLICH BIST.
DAS IST ES JA, BERNARD. DAS BIN ICH ...
ALSO WARUM FÜHLE ICH MICH SO?

EPISKOPALKIRCHE GOTHAM, JETZT
WIE IN ERWARTUNG DER NÄCHSTEN HIOBSBOTSCHAFT?
VIELEN DANK FÜRS KOMMEN. ICH WEISS ...
... NICHT MEHR WEITER.
NACH ALLEM WAS PASSIERT IST, SCHEINEN SICH GOTHAMS BÜRGER GEGENEINANDER ZU WENDEN ...
SIE NEHMEN, WAS SIE FÜR *IHRES* HALTEN. VERGRAULEN LEUTE. HIER IST ES AN DEN FEIERTAGEN NORMALERWEISE VOLL.
DIE KIRCHE WURDE **SIEBEN** MAL GEPLÜNDERT?
GEHEN DIE LEUTE IRGENDWO ANDERS HIN?
DAS DACHTE ICH AUCH. ABER GOTHAMS SYNAGOGE, DIE MOSCHEEN, DIE ANDEREN KIRCHEN ... DORT GESCHIEHT GENAU DASSELBE.
DER BISCHOF WILL, DASS ICH HIER ZUMACHE, ABER ... DAS KANN ICH NICHT.
WIR BIETEN HIER ORTE DER ZUFLUCHT. WENN ES DIE NICHT MEHR GIBT, WERDEN MENSCHEN AUF DER STRASSE STERBEN, VERHUNGERN ODER ERFRIEREN.
WARUM HABEN SIE UNS UND NICHT DIE POLIZEI GERUFEN?
HAT SIE ...

BESSER GESAGT, MUTTER McGREGOR RIEF MEINEN MANN AN, DER DA-RAUFHIN MICH ANRIEF.
UND ICH ROBIN.
SIE BRAUCHEN JEMANDEN, DER IHNEN HILFT.
UND NIEMANDEN, DER SIE ER-SCHIESST.
DETECTIVE WILLIAMS.
DAS GCPD IST ZU SCHIESSWÜTIG.
DIE LEUTE HABEN ANGST. SIE WISSEN NICHT MEHR, WIE MAN GLÜCKLICH IST.
WAREN SIE DAS JEMALS?
„BRAUCHST DU HILFE?"

NORMALE LEUTE GEHEN ANS TELEFON.
ALTE LEUTE GEHEN ANS TELEFON.
EINE SMS WÄR AUCH GEGANGEN.
ICH WAR IN DER GEGEND.
WEIL DU *NICHT* ANS TELEFON BIST.
DACHTE, DU LIEBST ÜBERRASCHUNGEN.
KEIN STÜCK!
FWOOMP
UNTERBRECHE ICH HIER ETWAS?
JA, KÖNNTEST DU DEINEN HINTERN VIELLEICHT SELBST IN DEN KNAST SCHAFFEN, TUSK?
OH, WIE INTERESSANT.
NIGHTWING!
NIMM DAS.
ICH HAB 'NEN PLAN.

HA! ICH ERSCHLAGE ZWEI VÖGEL MIT EINER FAUST!
PASS AUF!
BOOOOM
PRRR
BLÜDHAVEN BENUTZT DIESE ART VON FENSTERN SEIT 100 JAHREN NICHT MEHR.
DIE REGENRINNEN SIND VERROSTET, DAS HEISST, MAN BENUTZTE KEIN VERZINKTES METALL.
ZWEIMAL. VOR 40 JAHREN, ABER DIESE GEGEND BLIEB UNBERÜHRT.
UND VOR 98 JAHREN. DAS HEISST, ES WURDE VOM HAUPTARCHITEKTEN JENER ZEIT GEBAUT ... ANDY DARR.
ALL DIESE GEBÄUDE SIND GLEICH, WAS HEISST, DER SCHWÄCHSTE PUNKT IST ...
JEDERZEIT, ROBIN!

NIGHTWING.
ERSTER STOCK. BEIM FENSTER.
CRAAACK
AAAAACK!
ICH NEHME TUSK.
WAS?!
ROBIN, WAS DENKST DU DIR DABEI?
DU BIST NICHT BATMAN!
DAMIT HAT NIGHTWING RECHT ...

„DAS IST ZU VIEL FÜR DICH ..."
HÖR ZU, ICH WEISS, WAS DU DENKST. DAS IST KEINER UNSERER GEWÖHNLICHEN FÄLLE MIT EINEM MASKIERTEN IDIOTEN, DER ZUM ZEHNTEN MAL DROHT, GOTHAM ZU ÜBERNEHMEN.
NICHT, DASS SIE WÜSSTEN, WAS ZU TUN WÄRE, WENN SIE ES TÄTEN.
BZT BZT BZT
ABER ICH DENKE, WIR KÖNNTEN *WIRKLICH* GUTES TUN.
DU REIBST DICH DRAUSSEN JEDE NACHT AUF UND DIE STADT, NA JA, ES WIRD NICHT BESSER.
NICHTS KANN DIESE STADT BESSER MACHEN.

NICHTS REPARIERT DIESE STADT.
DIE LEUTE HABEN NICHT NUR ANGST. SIE SIND **WÜTEND**.
SOLLTEN SIE AUCH SEIN.
ICH HABE VER-SAGT ...

DAS STIMMT NICHT.
DU HAST GOTHAM BUCHSTÄBLICH ALLES UND JEDEN GEGEBEN, DEN DU JE HATTEST.
NICHT NUR GENERELL, SONDERN ERST KÜRZLICH.
ABER ES IST NIE GENUG.
NACH DER SACHE MIT SCARECROW UND DEM MAGISTRAT, GING ES DIR ENDLICH MAL GUT. ABER DANN BIST DU WIEDER GEWORDEN, WIE DU IMMER WARST.
SO, ALS WÄRE DER SIEG EGAL.
UND WENN DICH DAS NICHT GLÜCKLICH MACHT ... WAS DANN?
NEHMT, WAS UNS GEHÖRT!
DA SIND SIE.

NEHMT, WAS GEHT!
PEACEKEEPER ONE WAR UNSERE ...
... LETZTE HOFFNUNG!
BATMAN ÜBERLIESS UNS SCARECROW!
DIE REGIERUNG IST KORRUPT!
DIE POLIZEI IST HILFLOS GEGEN SUPER-SCHURKEN!
WIR SIND ALLEIN!
BATMAN?
„GLAUBST DU ECHT, DU KANNST MICH AUFHALTEN?"

GKK!
HA!
THWACK
AH!
FWOOOM
HOFFE, DAS KLAPPT ...
THUD THUD THUD
JETZT, NIGHTWING!
CLICK

BOOOOOOM
LASSEN WIR IHN EINFACH HIER?
NORMALERWEISE SAG ICH DEN COPS BESCHEID, DAMIT SIE DEN TUSK TRUCK MITBRINGEN.
DAS KLINGT WIE PINGUINS ARKTISFLITZER ODER DAS RIDDLER-MOBIL.
DIE FEHLEN KEINEM.
OOOOOOOOH.
UND JETZT HÖR AUF, DAS THEMA ZU MEIDEN. WAS WAR SO WICHTIG, DASS DU NICHT WOLLTEST, DASS BATMAN MITHÖRT?
SEIT JENER NACHT ... NA JA, ZUERST WAR ER NORMAL, SOGAR GLÜCKLICH FÜR SEINE VERHÄLTNISSE, DOCH DANN ...
ES IST, ALS WÄRE ER WIEDER IN EIN LOCH GEFALLEN UND ICH WEISS NICHT, WIE ICH IHN RAUSHOLEN SOLL.
NEIN. ABSOLUT NICHT.

WAS? NIGHTWING ...
ICH HABE DIESES BUCH SCHON GESCHRIEBEN. BESTSELLER, BUCH DES MONATS, PROMI-BUCHCLUB, DAS GANZE TAMTAM.
ALLES UMSONST.
ICH HABE WIEDER UND WIEDER ALLES GETAN, UM BRUCE AUS DEM ABGRUND ZU ZIEHEN.
UND ES HÄLT IMMER NUR EINE WOCHE AN, VIELLEICHT ZWEI, BEVOR ER WIEDER AN DER KANTE STEHT.
SCHLUSS DAMIT.
DICK ...
HÖR ZU, TIM ...
ICH KANN NICHTS FÜR BRUCE TUN. DAS ZU AKZEPTIEREN, HAT LANGE GEDAUERT. WIR KÖNNEN ...
... IHN NICHT GLÜCKLICH MACHEN.

ICH LIEBE BRUCE. ER IST MEINE FAMILIE.
ABER ICH KANN IHN NICHT ZURÜCKHOLEN.
DENN JE LÄNGER ICH VERSUCHE, IHN AUS DER VERGANGENHEIT IN DIE GEGENWART ZU HOLEN, DESTO MEHR ...
... OPFERE ICH MEINE ZUKUNFT.
DAS WILL ICH NICHT FÜR DICH.
ICH WEISS, ES GEFÄLLT DIR, WIEDER ROBIN ZU SEIN, SOLANGE DAMIAN NICHT HIER IST.
ABER ER HAT SICH DEN NAMEN VERDIENT UND ...
... DU VERDIENST DEINE EIGENE ZUKUNFT.
GLAUB MIR, TIM.
EINES TAGES ...
„... MUSST DU DICH SELBST BEFREIEN."

WOOSH
THUD
AUS DEM WEG, BAT.
WIR NEHMEN, WAS UNS GEHÖRT.
WIR SIND DURCH DIE HÖLLE GEGANGEN.
WIR FÜRCHTEN DICH NICHT.
BATMAN.
DIR GEHT'S NICHT GUT. DU SOLLTEST NI--

JA, IHR SEID DURCH DIE HÖLLE GEGANGEN UND ICH KONNTE ES NICHT VERHINDERN.
DAS IST VORBEI, ABER …
… WIR KÖNNEN *JETZT* MENSCHEN RETTEN.

ICH DENKE, ICH HABE BATMAN IMMER EIN WENIG VEREHRT, WEIL MEIN DAD IHN VEREHRT HAT.
ICH ERINNERE MICH NOCH AN SEINE GESCHICHTEN ÜBER BATMAN, BEVOR ICH ROBIN WURDE.
MAN VERGISST LEICHT, DASS BATMAN NUR EIN MANN IST. BRUCE WIRKT EINFACH ÜBERLEBENS-GROSS.
ABER DAS IST ES JA. JA, ER IST DÜSTER UND HAT MEHR DÄMONEN ALS DANTE.
ABER ER GIBT NICHT AUF.
ES WIRD IMMER EINE NEUE KRISE GEBEN. DAS KANN ICH NICHT VERHINDERN. ES WIRD IMMER ETWAS GEBEN, DAS IHN AN DEN ABGRUND BRINGT.
ABER ER MACHT IMMER WEITER.

„WIE KONNTEST DU DENN DAS GELD BESCHAFFEN"?
„ICH HABE KEIN GELD, ABER ICH BIN IMMER NOCH BRUCE WAYNE."
DU HAST SELINA ANGERUFEN, ODER?
ICH HABE MEHR FREUNDE.
BRUCE WAYNE HAT ANDERE FREUNDE. DU HAST EINEN KELLER VOLLER COMPUTER.
ICH HABE NOCH MEHR.
NIGHTWING RIEF MICH AN.
ER HAT RECHT. GANZ GLEICH, WAS MIT MIR PASSIERT, DU HAST …
… DAS RECHT, GLÜCKLICH ZU SEIN.

ETWAS SPÄTER
BERNARD WAR EIN SCHULFREUND VON DIR.
IST MIR KLAR.
JA, ICH DENKE … ICH DENKE, ICH HABE ES IMMER IRGENDWIE GEWUSST. ES IST SCHWER, PERSÖNLICHE ERLEUCHTUNG ZU ERLANGEN, WENN MAN JEDE NACHT MIT SUPERSCHURKEN KÄMPFT.
BZT BZT BZT
UND STEPHANIE?
SIE UND ICH … MÜSSEN REDEN.
ER … MACHT MICH GLÜCKLICH.
GUT.
DANKE … ICH WEISS, WIR SCHENKEN UNS NICHTS …
ABER DAS HABE ICH GEMACHT.
ES SOLL DIR HELFEN, WENN NIEMAND DA IST, UM DICH ZUSAMMENZUFLICKEN.
DU MUSST MICH NICHT GLÜCKLICH MACHEN, TIM.
ICH BIN ES, WEIL DU MEIN SOHN BIST.
OKAY, SCHAUT HER. ES IST NICHT DAS ECHTE … DAS GCPD HAT ES NOCH DEAKTIVIERT, ABER … ICH HAB EIN PAAR GEFALLEN EINGEFORDERT. ICH KANN ES FÜNF MINUTEN LEUCHTEN LASSEN.

FROHE WEIHNACHTEN, BATMAN.
FROHE WEIHNACHTEN, ROBIN.
TIM DRAKE IN
Das Weihnachtslied der Fledermaus
Meghan Fitzmartin Story
Alberto Jimenez Alburquerque Zeichnungen
Nick Filardi Farben
Carolin Hidalgo Übersetzung
Walproject Lettering
Dave Wielgosz Redaktion USA
UND EIN FROHES NEUES JAHR ... VOR ALLEM FÜR ALLE TIM DRAKE-FANS. WIR DANKEN EUCH!

OKAY. MERKE: WENN CONNER UND BART MIT EINER WILDEN GESCHICHTE UND EINEM SELTSAMEN MYSTERIUM AUFTAUCHEN, DANN FORSCHE ZUMINDEST NACH, BEVOR DU ZUSTIMMST, IHNEN ZU HELFEN.
ANDERERSEITS HÄTTE MICH NICHTS AUF DIESE SACHE VORBEREITEN KÖNNEN ...
GOTHAM
IMPULSE, LINKS VON DIR!
EINEN RIESIGEN, LEUCHTENDEN, WEISSEN ELEFANTEN.
DU HAST ROBIN GEHÖRT! AUS DEM WEG ODER MEIN HITZEBLICK WIRD DICH VERBRENNEN!
DER „ELEFANT IM RAUM"
MEGHAN FITZMARTIN STORY
BELÉN ORTEGA ZEICHNUNGEN
LUIS GUERRERO FARBEN
CAROLIN HIDALGO ÜBERSETZUNG
WALPROJECT LETTERING
DAVE WIELGOSZ REDAKTION USA
DAS KLAPPT SOWIESO NICHT! LASS ES, SUPERBOY! LASS IHN MICH ZUM STOLPERN BRING--
OHNE MASSE KANN ES NICHT STOLPERN!
ICH HASSE DIESES DING.
STOMP
ACK!
PASS AUF, WO DU HINTRAMPELST!
TLAH!
SMASH
ALSO KEINE MAGIE.

SCHNELL! WIR MÜSSEN DIESES DING AUFHALTEN ... FÜR ETWAS SO ÄTHERISCHES SCHEINT ES RECHT TEMPERAMENTVOLL ZU SEIN.
UND EIN RIESIGER ELEFANT SOLLTE SO ODER SO NICHT FREI RUMRENNEN.
WÄRE LEICHTER, WENN WIR HILFE HÄTTEN. WIE, NA JA, DEINE EX?
WIR MÜSSEN NIEMANDEN SONST ZU DIESER PARTY EINLADEN!
BINDA!
FWAASH
UFF!

STEH AUF.
IRGENDWANN MUSST DU MIT STEPH REDEN.
SIE GEHT MIR AUS DEM WEG.
SIE SAGT WAS ANDERES.
ACH JA. IHR REDET JA JETZT ÜBER MICH.
KONZENTRIEREN WIR UNS AUF DAS AKTUELLE PROBLEM.
„DIESER ELEFANT IST KEIN GEIST, ES GIBT KEIN EKTOPLASMA. KEINE MAGIE. VIELLEICHT EINE *PROJEKTION*?
„WIE KONNTE ER DANN AUS DEM GEBÄUDE BRECHEN? EINE GEWISSE KÖRPERLICHKEIT HAT ER."
WAS HABEN WIR DENN HIER?

KLEINER VOGEL, GROSSER ÄRGER.
ROBIN ...
DIE BATGIRLS.
WARUM ZUM TEUFEL RENNT EIN MAGISCHER, LEUCHTENDER ELEFANT DURCH GOTHAM?
MEIN MIT-BATGIRL STELLT EINE SEHR GUTE FRAGE. ICH HABE AUCH EINE. STIMMT WAS NICHT MIT EUREN KOMMUNI-KATOREN?
WARUM SONST SOLLTET IHR UNS, DIE BAT-FAM-MITGLIEDER, DIE IMMER IN GOTHAM SIND, NICHT GERUFEN HABEN?
I-ICH DACHTE-- NA JA, ES IST SO--
JA, ICH WUSSTE, DASS STEPH UND ICH REDEN MÜSSEN. ICH HATTE NUR GEHOFFT, ES WÄRE AUSSERHALB DER STADT.

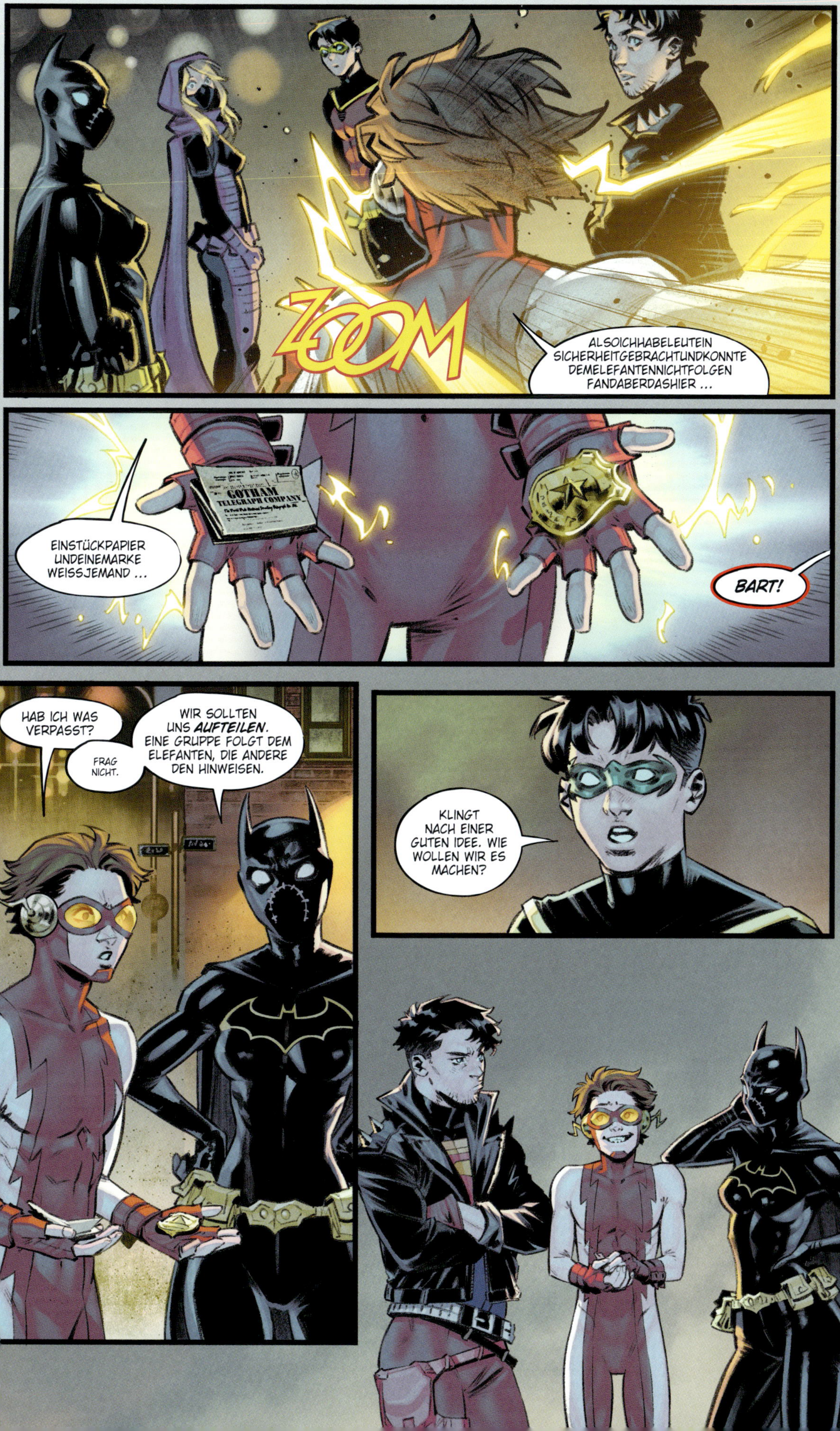
ZOOM
ALSOICHHABELEUTEIN SICHERHEITGEBRACHTUNDKONNTE DEMELEFANTENNICHTFOLGEN FANDABERDASHIER ...
EINSTÜCKPAPIER UNDEINEMARKE WEISSJEMAND ...
GOTHAM TELEGRAPH COMPANY
BART!
HAB ICH WAS VERPASST?
FRAG NICHT.
WIR SOLLTEN UNS ***AUFTEILEN***. EINE GRUPPE FOLGT DEM ELEFANTEN, DIE ANDERE DEN HINWEISEN.
KLINGT NACH EINER GUTEN IDEE. WIE WOLLEN WIR ES MACHEN?

VERRÄTER. ALLESAMT.
GUT. OKAY. DANKE, DETECTIVE WILLIAMS.
DETECTIVE WILLIAMS MEINT, BEI DER POLIZEI GÄBE ES NIEMANDEN NAMENS ***BLUNT***. AUCH DIE MARKENNUMMER ERGAB KEINEN TREFFER.
...
IST DAS DIE ADRESSE VON DEM ZETTEL?
SAH AUS WIE EIN TELEGRAMM.
WAS ***KOMISCH*** IST, DENN GOTHAMS LETZTES TELEGRAFEN-BÜRO SCHLOSS IN DEN SECHZIGERN. IST AUCH SCHRÄG, DAS ZU WISSEN.
HÖR ZU, STEPHANIE. DU BIST NICHT SAUER AUF MICH ... ODER? DENN I-ICH WUSSTE NICHT, WIE ICH'S DIR SAGEN SOLL ...
SCHAU! DA OBEN IST WAS!

SICHER, DASS DU WAS GESEHEN HAST?
WAS? NEIN. SORRY.
ZWEIFELST DU AN MIR?
ZEIG MAL DAS TELEGRAMM HER.
SAMUEL CLEMENS? DAS KLINGT VERTRAUT.
GOTHAM TELEGRAPH COMPANY
Glass factory broken open here during night, and eight hundred bottles taken. Only water in large quantity near here is five miles distant. Shall strike for there. Elephant will be thirsty. Bottles were empty.
SAMUEL CLEMENS
JA, DAS IST MARK TWAINS RICHTIGER NAME. ICH ÜBERLEGE GERADE, WAS MARK TWAIN MIT EINEM ELEFANTEN ZU TUN HAT. UND WER OFFICER BLUNT IST.
HILFT DAS HIER?
EINE SILBERNE SCHEIBE? WAS? ICH HABE DAS GEFÜHL, ICH HÄTTE DEN GANZEN CODE, ABER MIR FEHLT DIE AUSGABE.
ROBIN! STEPHANIE! KOMMEN! KOMMEN!
WIR HABEN DEN ELEFANTEN AN DER WERFT ENTDECKT, ABER ER IST VERSCHWUNDEN! SO ALS HÄTTE IHN ETWAS WEGGEZOGEN!
BAHRUUHHAAA!

WISST IHR, WO ER HIN IST?
DIE SCHEIBE!
PONK
ICH HOL SIE!
GANZ RUHIG, DICKHÄUTER!
AHHHH!
STEPH

ICH HAB DICH!
SUPERBOY! BATGIRL! WIR SIND IM ALTEN TELEGRAFENBÜRO. DER ELEFANT IST HIER. WIR BRAUCHEN VERSTÄRKUNG!
DIE SCHEIBE.
ROBIN! DER ELEFANT HOLT SICH DIE SCHEIBE! WAS ES AUCH IST, ES IST *WICHTIG*. DU MUSST MICH LOSLASSEN UND SIE HOLEN!
WAS? NEIN! NIEMALS! ICH VERLASS DICH NICHT.
ICH WERDE DIR IMMER BEISTEHEN, STEPH.

CRASH
SEID IHR OKAY?
UNS GEHT'S GUT UND ...
... ICH GLAUB, ICH WEISS, WIE WIR DAS DING SCHLAGEN.
„BATGIRL, DU LENKST DEN ELEFANTEN AB. BEWEG DICH DURCH DEN RAUM, ABER ER SOLL SICH AUF DICH FOKUSSIEREN.
„SUPERBOY, ZERSTÖR DIE SILBERNE SCHEIBE! HITZE VERTRÄGT SIE SICHER NICHT.
„UND IMPULSE ...
„BENUTZ DEN SCHROTT IM RAUM, UM DIR EINE ART RÜSTUNG ZU BASTELN UND ...
YOINK
OOOOMP!
„... SEI EINE KANONENKUGEL!"
FWOOOOM
„ENDLICH HABE ICH EINEN WÜRDIGEN GEGNER GEFUNDEN."

DER GESTOHLENE WEISSE ELEFANT WAR EINE VON MARK TWAINS WENIGER BEKANNTEN DETEKTIVGE-SCHICHTEN.
EIN **WEISSER ELEFANT** AUF DER FLUCHT WIRD MIT EINER **KANONENKUGEL** AUFGEHALTEN.
WAS AUCH IMMER DEN ELEFANTEN ERSCHUF, HIELT SICH AN DIE REGELN DER GE-SCHICHTE, DAHER ... DIE KANONENKUGEL.
UND DIE SCHEIBE?
DA DER ELEFANT ERSCHIEN, ALS WIR DIE SCHEIBE FANDEN, HIELT ICH ES FÜR DIE RICHTIGE IDEE, SIE ZU ZERSTÖREN.
ABER DAS WOLLTE ICH NICHT, WENN ICH DICH IN GEFAHR BRINGE.
ES TUT MIR LEID. SO ... LEID. ICH WUSSTE NICHT, WIE ICH DIR SAGEN SOLL, DASS ICH ... NICHT BIN, WAS DU ERWARTET HAST ... DASS MEHR AN MIR IST, ALS WIR BEIDE WUSSTEN.
DU FEHLST MIR.
DU FEHLST MIR AUCH. DAS IST, WAS SO WEHTAT, TIM. DEIN SCHWEIGEN. ES WÄRE MIR EGAL GEWESEN.
SELBST WENN WIR KEIN PAAR SIND, BIST DU MEIN FREUND. UND DU HAST MICH WIE EINE **KOLLEGIN** BEHANDELT.
JA, DAS WOLLTE ICH NICHT. ES WAR EINFACH ALLES ... VIEL. DIESEN VÖLLIG NEUEN TEIL VON MIR ZU ENT-DECKEN.
ABER DAMIT DU ES WEISST ... MEINE GEFÜHLE FÜR DICH ... ICH HABE NIE GELOGEN. DU WARST IMMER GENAU, WAS ICH WOLLTE. UND MEHR.
MIR WURDE NUR KLAR ... ES WAR NICHT WEGEN DEINEM GESCHLECHT, WEISST DU?
ICH MAG NICHT NUR FRAUEN.
Coffee Shop FOOD DRINK
DANKE, DASS DU MIR ES ENDLICH SAGST. ALLES GUT.
ZUMINDEST SOLANGE DU MIR EINEN SCHOKO-MILCHSHAKE KAUFST.
MILKSHAKES FLOATS MILKSHAKES FLOATS
ICH ... HABE NOCH EINE ÜBER-RASCHUNG.

OH MEIN GOTT. ER?
JA, ER.
BERNARD? SORRY, DASS DU WARTEN MUSSTEST. DAS IST STEPHANIE BROWN.
SEICOOL STEPHANIESEICOOL STEPHANIESEICOOL STEPHANIE.
STEPHANIE! DU BIST REAL! TIM HAT MIR SO VIEL VON DIR ERZ--
HI! ICH FREU MICH SO, DICH KENNENZU-LERNEN! DAS IST SO TOLL!

DC PRIDE 2023 #1
Cover von MATEUS MANHANINI

DC PRIDE 2023 #1
Variant-Cover von OSCAR VEGA

ERDE 36
Jetzt
... WIE SAGT MAN NOCH?
„DIE ZEIT HEILT ALLE WUNDEN ...“
TIMESEN
AUTOMAT
RAY ...
ICH WÜRDE ALLES GEBEN, UM DIR ZU SAGEN, WIE SEHR DU MIR FEHLST, ABER ...
OH!
VERFLUCHT.
SCHEISS DRAUF! ICH ...
... BIN EIN SUPERHELD.
ICH KANN ALLES!

„IST ALLES DUNKEL UND VERLOREN …"
„… ERHELLT FLASHLIGHTS LICHT DIE NACHT."
„ALLES BÖSE GIBT BESSER ACHT …"
„… BEI SIEBEN LICHTERN, ICH HALTE WACHT!"
RED RACER GAB ALLES, UM EINE GOTT-JACHT AUS EINER HÖHEREN WELT ZU REKONSTRUIEREN, FLASHLIGHT …
… ER OPFERTE SICH, UM BILLIONEN VON LEBEN IM GANZEN MULTI-VERSUM ZU RETTEN.
EINEN VON EUCH ZU VERLIEREN, IST UNERTRÄGLICH …
ICH KENNE DIE GESCHICHTE, OPTIMAN. ER STARB WIE SEIN HELD FLASH IN CRISIS ON INFINITE EARTHS.
ZEIT IST ZICKIG, HANK.
ABER ALLES MUSS ENDEN.
DAS IST DAS LETZTE, WAS ER JETZT HÖREN MUSS, BILLY.
JUSTICE 9 SUPREME HQ
ICH TAT, WAS DU WOLLTEST, FLASHLIGHT, UND FAND ETWAS …
SUPERSTARKE CHERENKOV-STRAHLUNGSWERTE, WIE DU VORHER-GESAGT HAST.
ABER DIE QUELLE IST TIEF IM VERBOTENEN RAUM, IM HERZEN DES DIAMOND STAR … UND WAS ES AUCH IST, ES HAT MEHRERE TYRANNISCHE IMPERIEN AUF SICH AUFMERKSAM GEMACHT.

PRÄSIDENT SUPERMAN VON ERDE 23 FAND EINE ZURÜCKGELASSENE AUSGEBRANNTE HÜLLE, ALS RAY SUPERLUMINAR WURDE, SONST NICHTS.
ZU ÜBERLICHTSCHNELLER, GEORDNETER INFORMATION GEWORDEN … HINTERLIESS ER EINE SPUR. SEHT IHR?
SIE GEHT RÜCKWÄRTS.
DAS IST RAY.
UND ER ERINNERT MICH DARAN …
… GEOPFERT WIRD NICHT!
FLASHLIGHT IST EINER DER MÄCHTIGSTEN KÄMPFER DER 9, OPTIMAN.
DAS IST NICHT NUR LEICHTSINNIG, SONDERN AUCH UNMÖGLICH.
BLACK LENS BRACHTE MICH VON DEN TOTEN ZURÜCK, KNIGHT.
MANCHE DINGE GEBEN UNS KRAFT, DAS UNMÖGLICHE ZU VOLLBRINGEN.
VERTRAUEN WIR AUF DAS HERZ …
DC COMICS präsentiert
DAS BLITZSCHNELLE HERZ DER Liebe
EINE MULTIVERSITY-GESCHICHTE
GRANT MORRISON Story HAYDEN SHERMAN Zeichnungen MARISSA LOUISE Farben
CAROLIN HIDALGO Übersetzung WALPROJECT Lettering JESSICA CHEN Redaktion USA

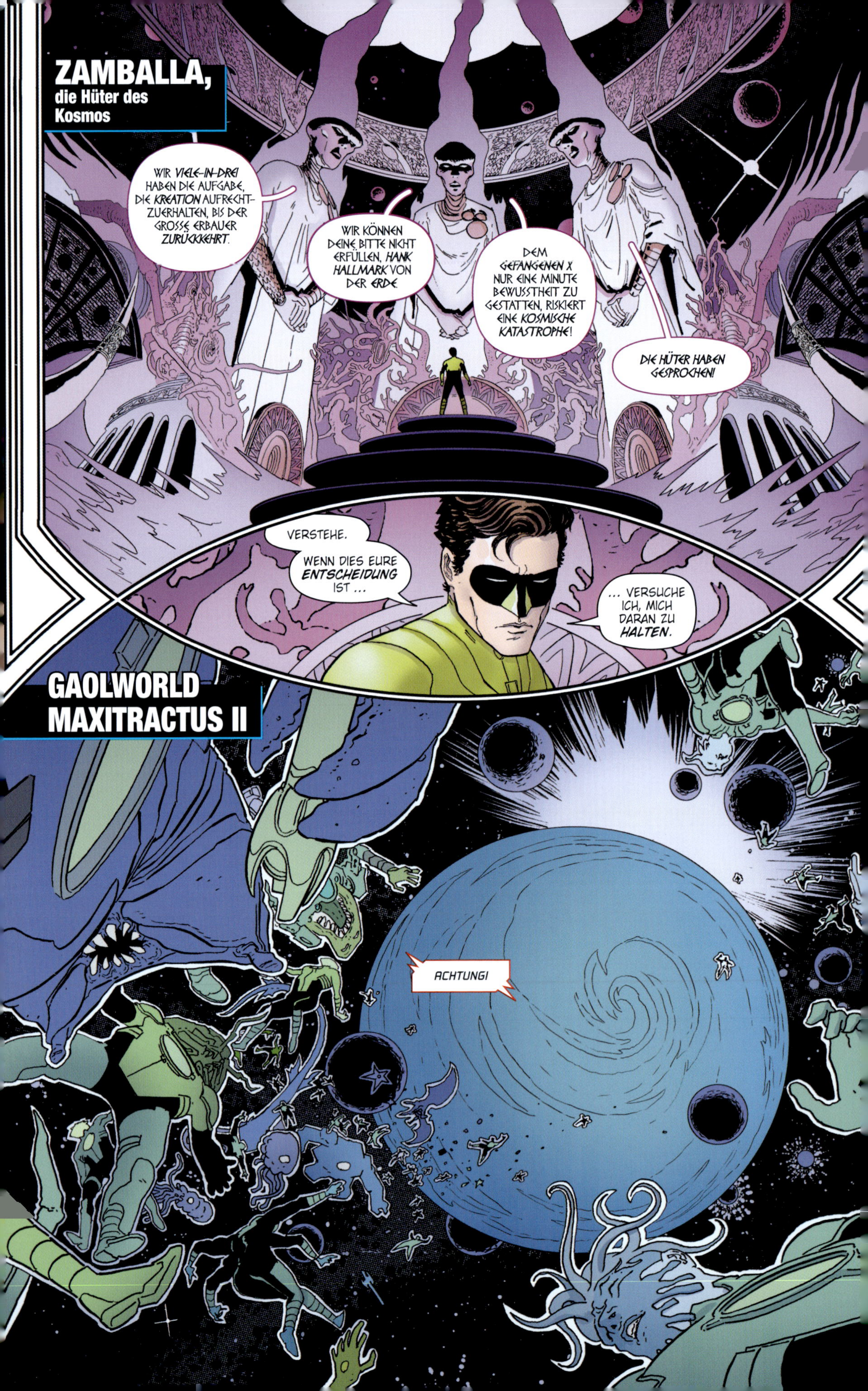
ZAMBALLA, die Hüter des Kosmos
WIR VIELE-IN-DREI HABEN DIE AUFGABE, DIE KREATION AUFRECHTZUERHALTEN, BIS DER GROSSE ERBAUER ZURÜCKKEHRT.
WIR KÖNNEN DEINE BITTE NICHT ERFÜLLEN, HANK HALLMARK VON DER ERDE.
DEM GEFANGENEN X NUR EINE MINUTE BEWUSSTHEIT ZU GESTATTEN, RISKIERT EINE KOSMISCHE KATASTROPHE!
DIE HÜTER HABEN GESPROCHEN!
VERSTEHE.
WENN DIES EURE ENTSCHEIDUNG IST …
… VERSUCHE ICH, MICH DARAN ZU HALTEN.
GAOLWORLD MAXITRACTUS II
ACHTUNG!

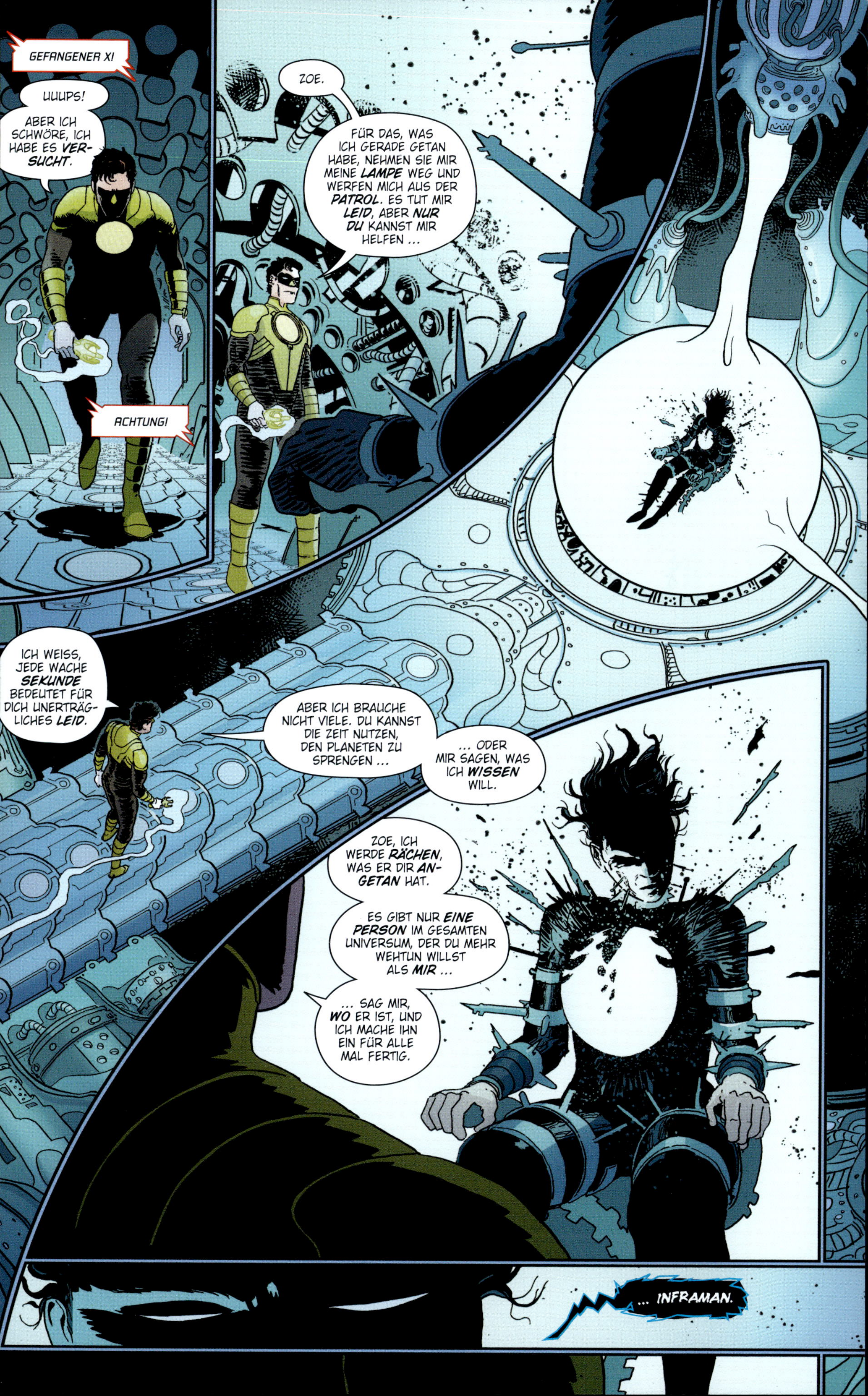
GEFANGENER XI
UUUPS!
ABER ICH SCHWÖRE, ICH HABE ES VERSUCHT.
ACHTUNG!
ZOE.
FÜR DAS, WAS ICH GERADE GETAN HABE, NEHMEN SIE MIR MEINE LAMPE WEG UND WERFEN MICH AUS DER PATROL. ES TUT MIR LEID, ABER NUR DU KANNST MIR HELFEN …
ICH WEISS, JEDE WACHE SEKUNDE BEDEUTET FÜR DICH UNERTRÄGLICHES LEID.
ABER ICH BRAUCHE NICHT VIELE. DU KANNST DIE ZEIT NUTZEN, DEN PLANETEN ZU SPRENGEN …
… ODER MIR SAGEN, WAS ICH WISSEN WILL.
ZOE, ICH WERDE RÄCHEN, WAS ER DIR ANGETAN HAT.
ES GIBT NUR EINE PERSON IM GESAMTEN UNIVERSUM, DER DU MEHR WEHTUN WILLST ALS MIR …
… SAG MIR, WO ER IST, UND ICH MACHE IHN EIN FÜR ALLE MAL FERTIG.
… INFRAMAN.

NICHTS ZERSTÖRT DIE MAUERN DES DIAMOND STAR.
DER MANN DARUNTER FÜRCHTET NICHTS.
NICHTS HÄLT IHN AUF.
DER PLANE
ILLYSIU
westlich von nirgend
... das hat sie gesagt ...?
Ist das nicht unglaublich?
DREI!
MAL!
NICHTS!
UND ICH SAGTE, „DAS KÖNNTE DAS SCHWERSTE SEIN, WAS ICH JE TUN MUSSTE", UND ... ARME ZOE, NACH ALLEM, WAS GESCHAH ... UND ICH ALS FLASHLIGHT ÜBERNAHM ...
Perfekt.
ABER AM ENDE WAR ALLES SO LEICHT, NICHT? UND HIER SIND WIR ... UND WIR SIND ...
Perfekt.

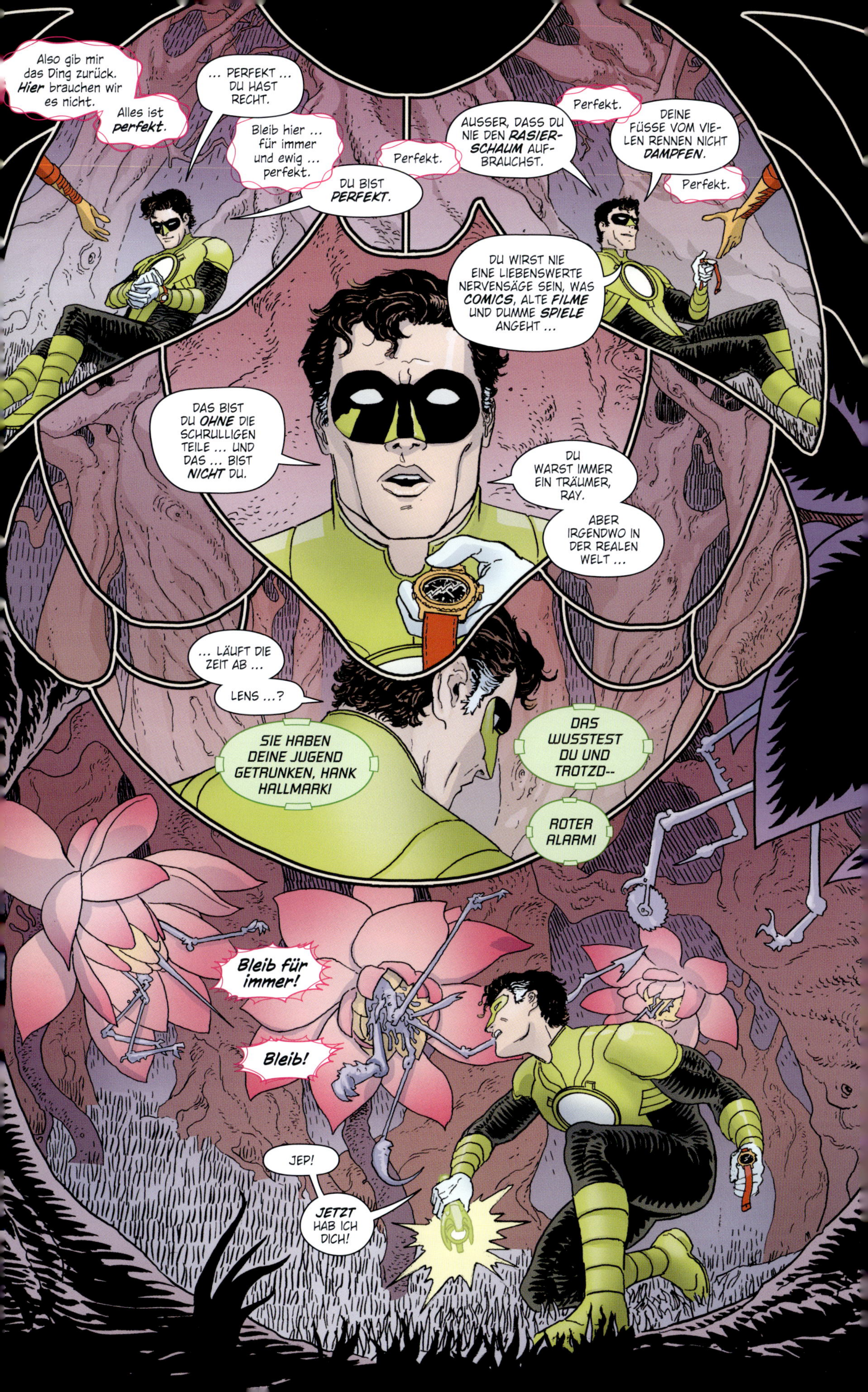

Also gib mir das Ding zurück. *Hier* brauchen wir es nicht.
Alles ist *perfekt*.
... PERFEKT ... DU HAST RECHT.
Bleib hier ... für immer und ewig ... perfekt.
DU BIST *PERFEKT*.
Perfekt.
AUSSER, DASS DU NIE DEN *RASIERSCHAUM* AUFBRAUCHST.
Perfekt.
DEINE FÜSSE VOM VIELEN RENNEN NICHT *DAMPFEN*.
Perfekt.
DU WIRST NIE EINE LIEBENSWERTE NERVENSÄGE SEIN, WAS *COMICS*, ALTE *FILME* UND DUMME *SPIELE* ANGEHT ...
DAS BIST DU *OHNE* DIE SCHRULLIGEN TEILE ... UND DAS ... BIST *NICHT* DU.
DU WARST IMMER EIN TRÄUMER, RAY.
ABER IRGENDWO IN DER REALEN WELT ...
... LÄUFT DIE ZEIT AB ...
LENS ...?
SIE HABEN DEINE JUGEND GETRUNKEN, HANK HALLMARK!
DAS WUSSTEST DU UND TROTZD--
ROTER ALARM!
Bleib für immer!
Bleib!
JEP!
JETZT HAB ICH DICH!

OSSUARIA DEI,
Friedhof der Götter
INFRAMAN HAT VOR NICHTS ANGST, ODER?
BUCHSTÄBLICH.
EIN LEBENDES NICHTS, DAS VON SEINER KOMPLEXITÄT ABGEBISSEN UND EINEN EINDIMENSIONALEN SCHURKEN MIT BRUTAL SIMPLER UND ÜBERHOLTER MOTIVATION ZURÜCKGELASSEN HAT.
UN-BEAST, EIN ANTI-WESEN, DESSEN EINZIGE SCHWÄCHE …
… NICHTS IST.
BEVOR SIE IHRE OPFER VERSCHLINGT, BERUHIGT DIE ROBO-FLORA VON ILLYSIUM SIE MIT EINEM PSYCHO-ANÄSTHETIKUM …
DAS IST DAS UNRATSAMSTE, WAS DU JE GETAN HAST.
DAS KANN UNMÖGLICH WAHR SEIN.
OH-OH …
NEIN, ERNSTHAFT …
LAUF!
GEBANNT VOM TRAUM-PARFÜM!
AAAUURRR!
RAUMTOR ZUR PERSEUS-LEERE!
INFRAMAN!
INFRAMAN IST MENSCH MINUS!

OCTATHAEDRUS PRIME,
undurchdringlicher Diamond Heart-Stern
MENSCH MINUS EMPATHIE!
JEDER TAG, DER VERGEHT!
MENSCH MINUS SELBSTWAHRNEHMUNG!
MENSCH MINUS SELBSTKONTROLLE!
MENSCH MINUS LIEBE MINUS LIEBE MINUS LIEBE!
ICH WERDE MÄCHTIGER!
DANK DIESEM PHÄNOMEN, DAS WIR BARGEN, NACHDEM DAS ULTRAWESEN PROPHECY GEFALLEN WAR.
EINE ANTI-ENTROPISCHE ENERGIEQUELLE, DIE IMMER MEHR ORGANISATION, MEHR ENERGIE ANSAMMELT!
ALLES MEINS!
MACHT, MIT DER IHR EURE EHEMALIGE KONZEPTUELLE KOMPLEXITÄT SOGAR ÜBERTREFFEN WERDET.
EINST KOMPLEX, ALSO AUCH ERNEUT!
IHR, DER ULTIMATIVE MULTIVERSALE EROBERER, WIR, EURE LOYALEN DIENER!
NUR EINE WARNUNG, MEISTER …
DER DIAMOND STAR IST VON FEINDEN UMZINGELT …
IHR BESITZT BEREITS GENUG MACHT, UM DIE HALBE KREATION ZU UNTERWERFEN!
BALD KANN ICH SIE GANZ UNTERWERFEN!
NIEMAND HINTERFRAGT MEINE INFRAMOTIVE!
SLAM
MEISTER … ETWAS FRISST SICH DURCH UNSERE DIAMANTMAUER …
WIR MEINEN … NICHTS FRISST … FRISST NICHT …
ICH MEINE … NICHTS KANN SICH DURCH KILOMETERDICKEN DIAMANT FRESSEN, ODER?

DAS IST VÖLLIG RICHTIG!
ICH?
ICH BIN NUR WEGEN DER SHOW HIER!
FLASHLIGHT TERRA DER RAINBOW PATROL!
ICH GEFROR DEINE VORGÄNGERIN IN EINEM LEBENDEN TOD! ZERSTÖRTE IHRE WAFFE!
MIT EINEM BRUCHTEIL MEINER JETZIGEN MACHT!
NARR!
DU BIST SCHON ALT … DU STIRBST.
HAST NICHTS, UM MICH ZU BESIEGEN!
URRR … JA … DA HAST …
… DA HAST DU RECHT …
ABER …
… ICH HAB WAS BÖSES GETAN …
ICH HABE DEINE ALTEN ERZFEINDE ERWECKT UND SIE AUF DER TRAUMJAGD NACH EINER UNERLEDIGTEN SACHE DURCH DAS UNIVERSUM GEFÜHRT …

AAAAUUUU
NEIN!
NICHT BEREIT!
ICH KÄMPFE GEGEN ALLES, A-AUSSER ...
... AUSSER NICHTS ...
... HENRY.
WEISST DU NOCH, ALS ICH SAGTE, „WERDE ALT MIT MIR“?

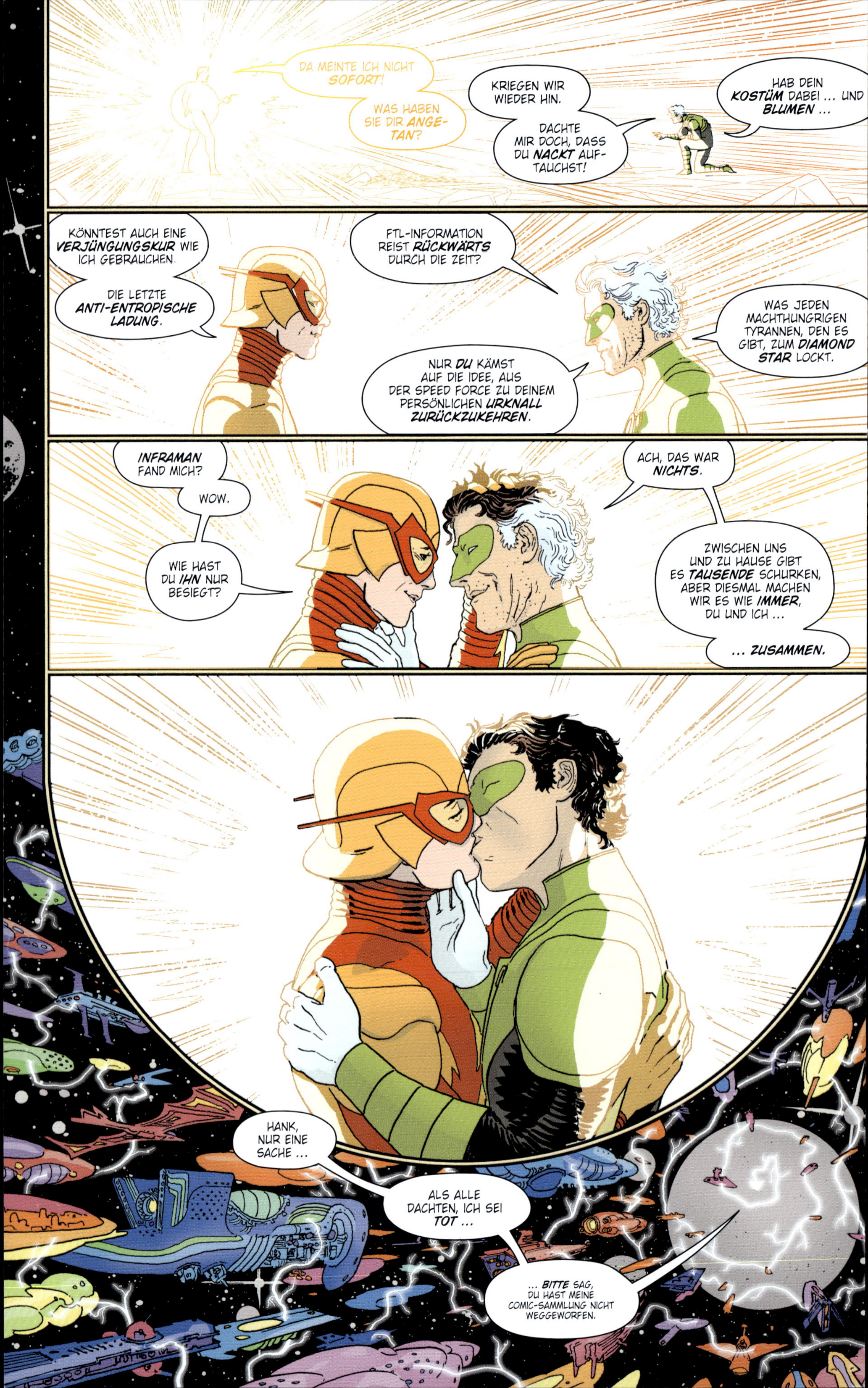
DA MEINTE ICH NICHT SOFORT!
WAS HABEN SIE DIR ANGE-TAN?
KRIEGEN WIR WIEDER HIN.
DACHTE MIR DOCH, DASS DU NACKT AUF-TAUCHST!
HAB DEIN KOSTÜM DABEI … UND BLUMEN …
KÖNNTEST AUCH EINE VERJÜNGUNGSKUR WIE ICH GEBRAUCHEN.
DIE LETZTE ANTI-ENTROPISCHE LADUNG.
FTL-INFORMATION REIST RÜCKWÄRTS DURCH DIE ZEIT?
WAS JEDEN MACHTHUNGRIGEN TYRANNEN, DEN ES GIBT, ZUM DIAMOND STAR LOCKT.
NUR DU KÄMST AUF DIE IDEE, AUS DER SPEED FORCE ZU DEINEM PERSÖNLICHEN URKNALL ZURÜCKZUKEHREN.
INFRAMAN FAND MICH?
WOW.
WIE HAST DU IHN NUR BESIEGT?
ACH, DAS WAR NICHTS.
ZWISCHEN UNS UND ZU HAUSE GIBT ES TAUSENDE SCHURKEN, ABER DIESMAL MACHEN WIR ES WIE IMMER, DU UND ICH …
… ZUSAMMEN.
HANK, NUR EINE SACHE …
ALS ALLE DACHTEN, ICH SEI TOT …
… BITTE SAG, DU HAST MEINE COMIC-SAMMLUNG NICHT WEGGEWORFEN.

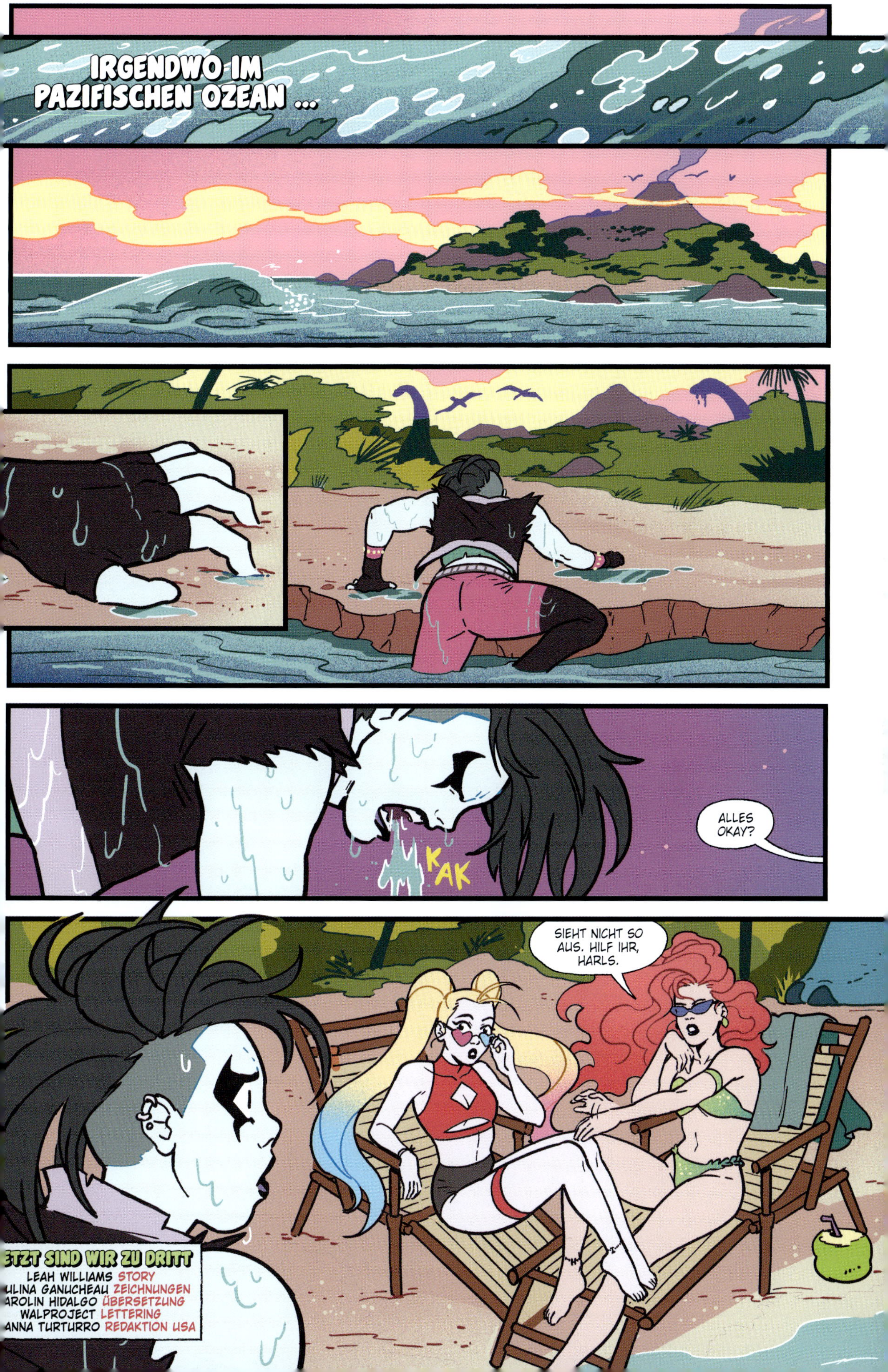
IRGENDWO IM PAZIFISCHEN OZEAN ...
KAK
ALLES OKAY?
SIEHT NICHT SO AUS. HILF IHR, HARLS.
ETZT SIND WIR ZU DRITT
LEAH WILLIAMS STORY
ULINA GANUCHEAU ZEICHNUNGEN
AROLIN HIDALGO ÜBERSETZUNG
WALPROJECT LETTERING
ANNA TURTURRO REDAKTION USA

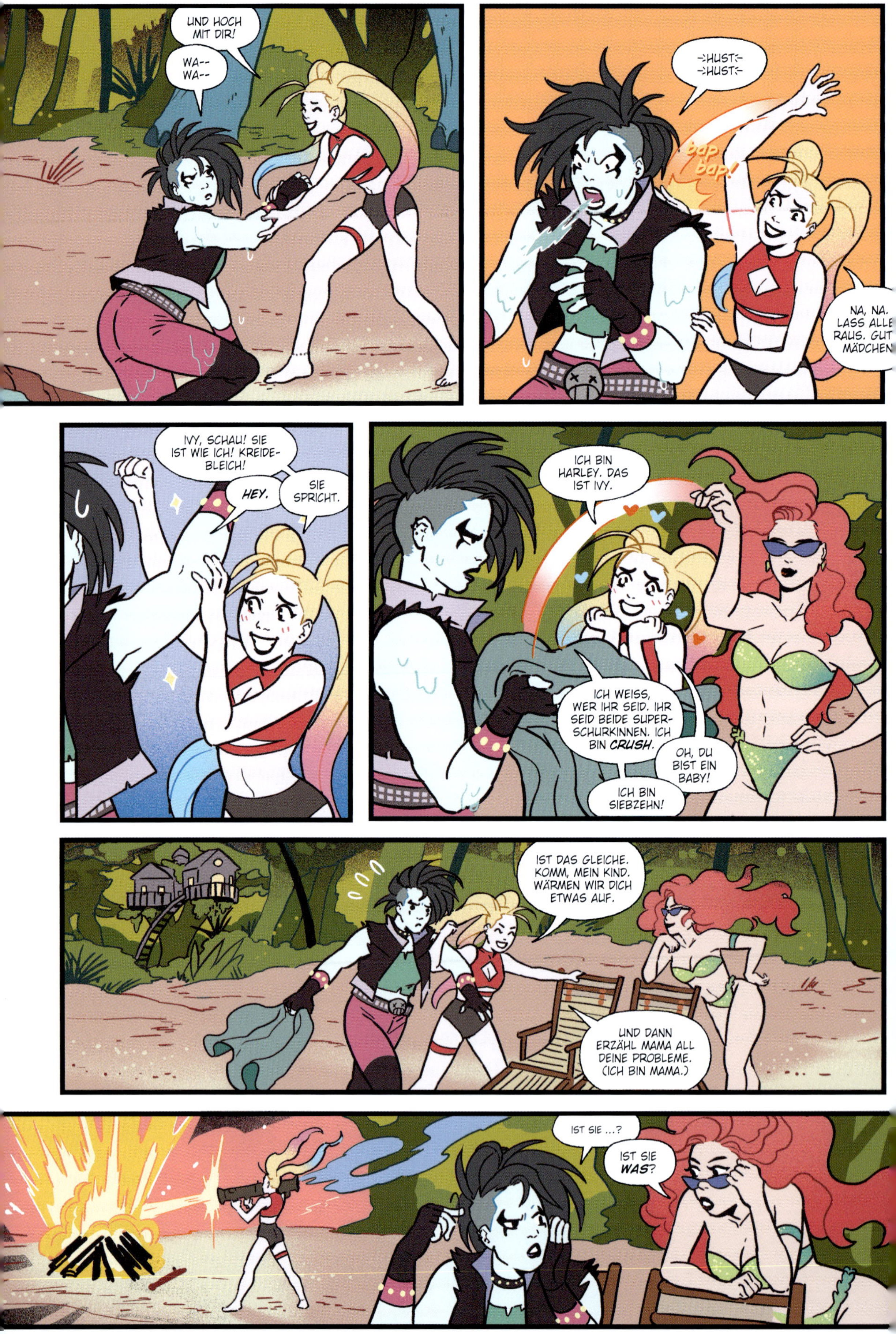
UND HOCH MIT DIR!
WA-- WA--
-HUST- -HUST-
bap bap!
NA, NA. LASS ALLE RAUS. GUT MÄDCHEN
IVY, SCHAU! SIE IST WIE ICH! KREIDE-BLEICH!
HEY.
SIE SPRICHT.
ICH BIN HARLEY. DAS IST IVY.
ICH WEISS, WER IHR SEID. IHR SEID BEIDE SUPER-SCHURKINNEN. ICH BIN CRUSH.
OH, DU BIST EIN BABY!
ICH BIN SIEBZEHN!
IST DAS GLEICHE. KOMM, MEIN KIND. WÄRMEN WIR DICH ETWAS AUF.
UND DANN ERZÄHL MAMA ALL DEINE PROBLEME. (ICH BIN MAMA.)
IST SIE ...?
IST SIE WAS?

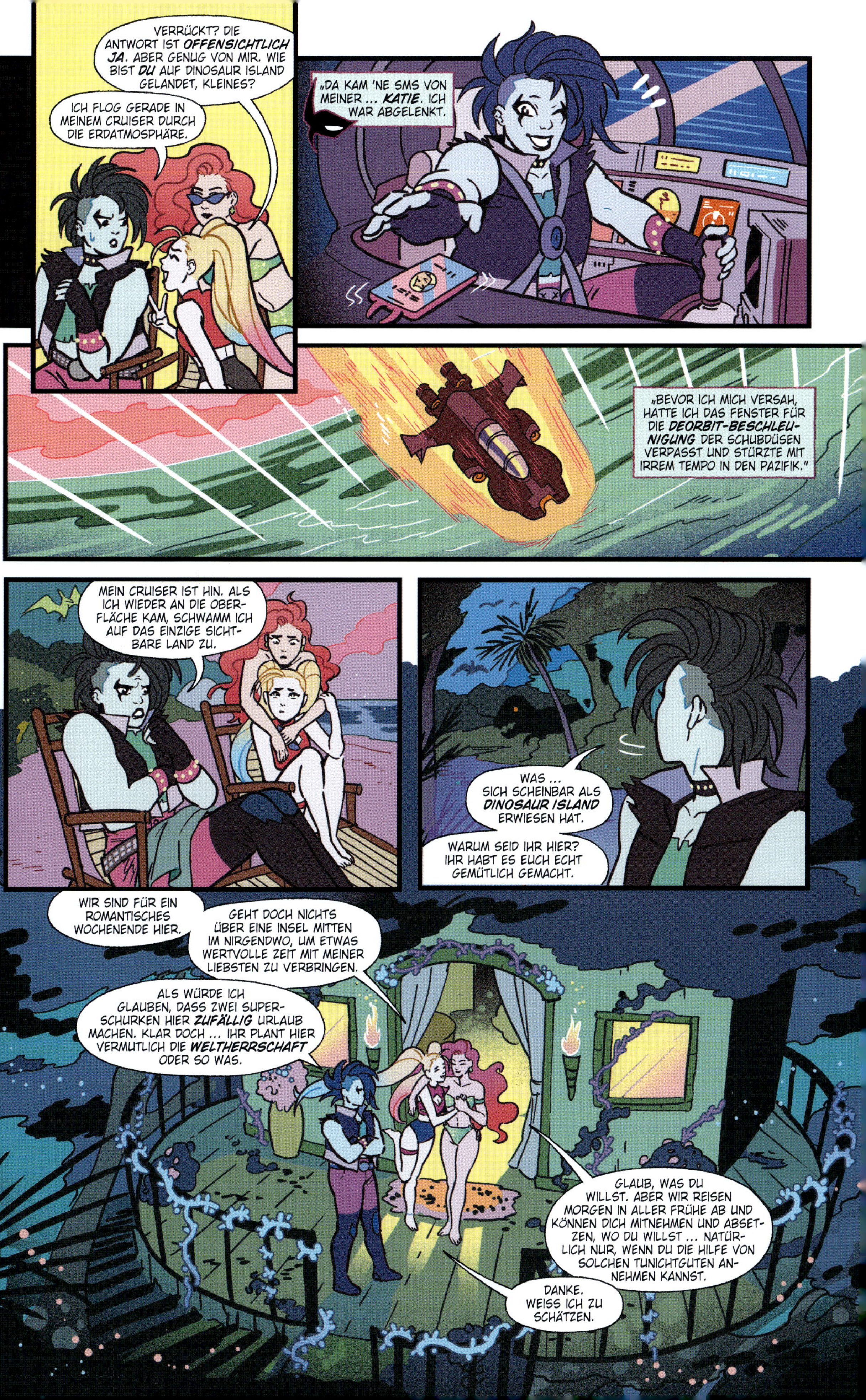

VERRÜCKT? DIE ANTWORT IST OFFENSICHTLICH JA. ABER GENUG VON MIR. WIE BIST DU AUF DINOSAUR ISLAND GELANDET, KLEINES?
ICH FLOG GERADE IN MEINEM CRUISER DURCH DIE ERDATMOSPHÄRE.
„DA KAM 'NE SMS VON MEINER ... KATIE. ICH WAR ABGELENKT.
„BEVOR ICH MICH VERSAH, HATTE ICH DAS FENSTER FÜR DIE DEORBIT-BESCHLEUNIGUNG DER SCHUBDÜSEN VERPASST UND STÜRZTE MIT IRREM TEMPO IN DEN PAZIFIK."
MEIN CRUISER IST HIN. ALS ICH WIEDER AN DIE OBERFLÄCHE KAM, SCHWAMM ICH AUF DAS EINZIGE SICHTBARE LAND ZU.
WAS ... SICH SCHEINBAR ALS DINOSAUR ISLAND ERWIESEN HAT.
WARUM SEID IHR HIER? IHR HABT ES EUCH ECHT GEMÜTLICH GEMACHT.
WIR SIND FÜR EIN ROMANTISCHES WOCHENENDE HIER.
GEHT DOCH NICHTS ÜBER EINE INSEL MITTEN IM NIRGENDWO, UM ETWAS WERTVOLLE ZEIT MIT MEINER LIEBSTEN ZU VERBRINGEN.
ALS WÜRDE ICH GLAUBEN, DASS ZWEI SUPERSCHURKEN HIER ZUFÄLLIG URLAUB MACHEN. KLAR DOCH ... IHR PLANT HIER VERMUTLICH DIE WELTHERRSCHAFT ODER SO WAS.
GLAUB, WAS DU WILLST. ABER WIR REISEN MORGEN IN ALLER FRÜHE AB UND KÖNNEN DICH MITNEHMEN UND ABSETZEN, WO DU WILLST ... NATÜRLICH NUR, WENN DU DIE HILFE VON SOLCHEN TUNICHTGUTEN ANNEHMEN KANNST.
DANKE. WEISS ICH ZU SCHÄTZEN.

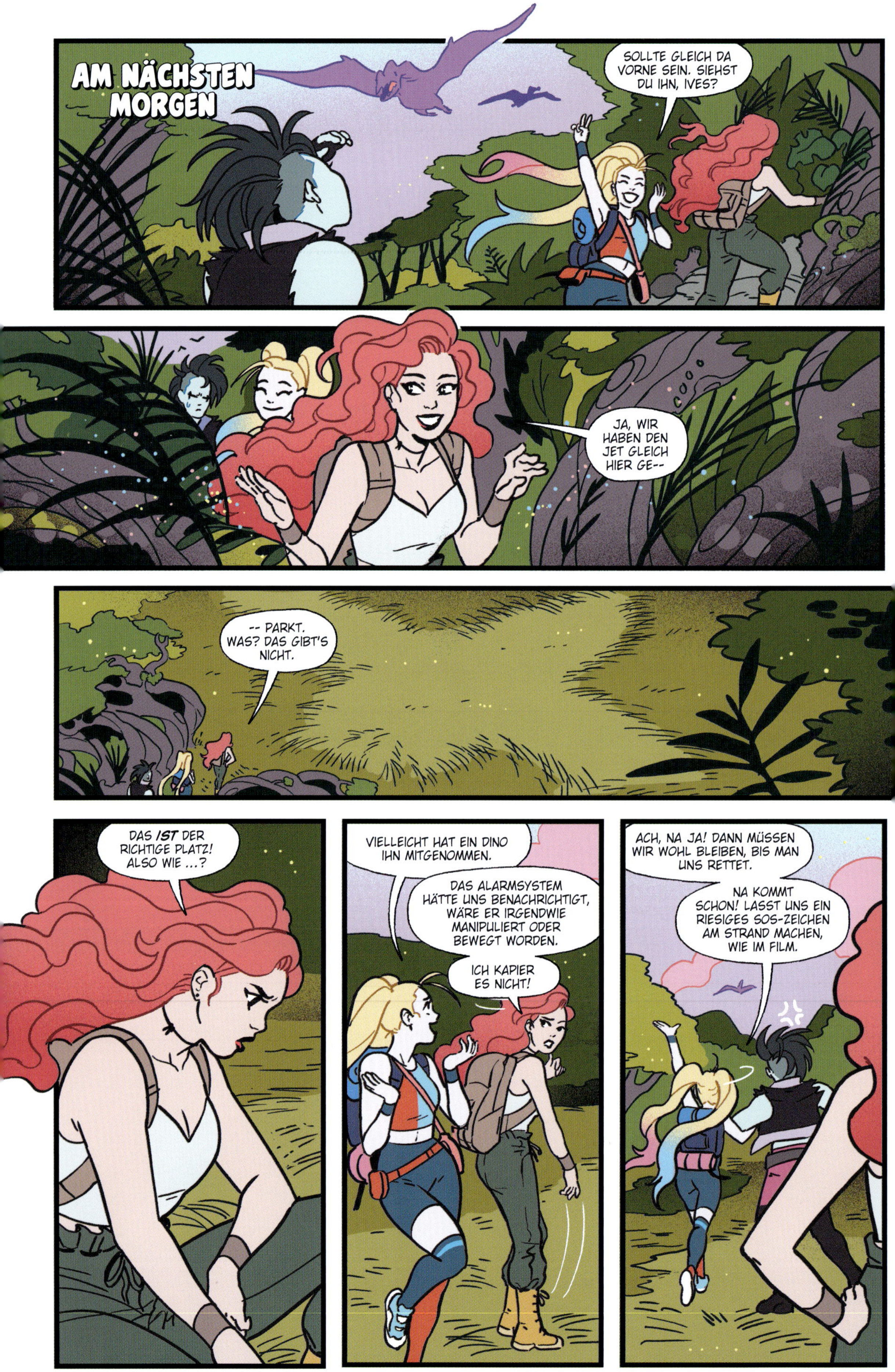
AM NÄCHSTEN MORGEN
SOLLTE GLEICH DA VORNE SEIN. SIEHST DU IHN, IVES?
JA, WIR HABEN DEN JET GLEICH HIER GE--
-- PARKT. WAS? DAS GIBT'S NICHT.
DAS *IST* DER RICHTIGE PLATZ! ALSO WIE …?
VIELLEICHT HAT EIN DINO IHN MITGENOMMEN.
DAS ALARMSYSTEM HÄTTE UNS BENACHRICHTIGT, WÄRE ER IRGENDWIE MANIPULIERT ODER BEWEGT WORDEN.
ICH KAPIER ES NICHT!
ACH, NA JA! DANN MÜSSEN WIR WOHL BLEIBEN, BIS MAN UNS RETTET.
NA KOMMT SCHON! LASST UNS EIN RIESIGES SOS-ZEICHEN AM STRAND MACHEN, WIE IM FILM.

DU UND HARLEY ... IHR SEID SO UNTERSCHIEDLICH. ABER IHR SEID GLÜCKLICH.
FRAG, WAS IMMER DU FRAGEN MÖCHTEST.
ERGÄNZT SIE DICH? LÄSST SIE DICH **KOMPLETT** FÜHLEN?
HÖR ZU, KLEINE, DU MUSST DICH VON DEM GLAUBEN BEFREIEN, DASS IRGENDEINE LIEBE DICH KOMPLETT MACHEN KANN. DU, SO WIE DU BIST, IST SCHON GANZ. DU BIST DEINE EIGENEN HUNDERT PROZENT. ALLES UND JEDER ANDERE SIND ZUSÄTZLICH.
ICH LIEBE HARLEY AUS GRÜNDEN, DIE ICH NICHT MAL ANSATZWEISE AUFZÄHLEN KANN, ES ABER MEIN LEBEN LANG VERSUCHEN WILL.
SIE IST SO ANDERS ALS ICH, DASS ES TRANSFORMATIV IST. JEDE VON UNS IST FÜR SICH KOMPLETT, ABER **ZUSAMMEN** ERSCHAFFEN WIR ETWAS VÖLLIG NEUES.

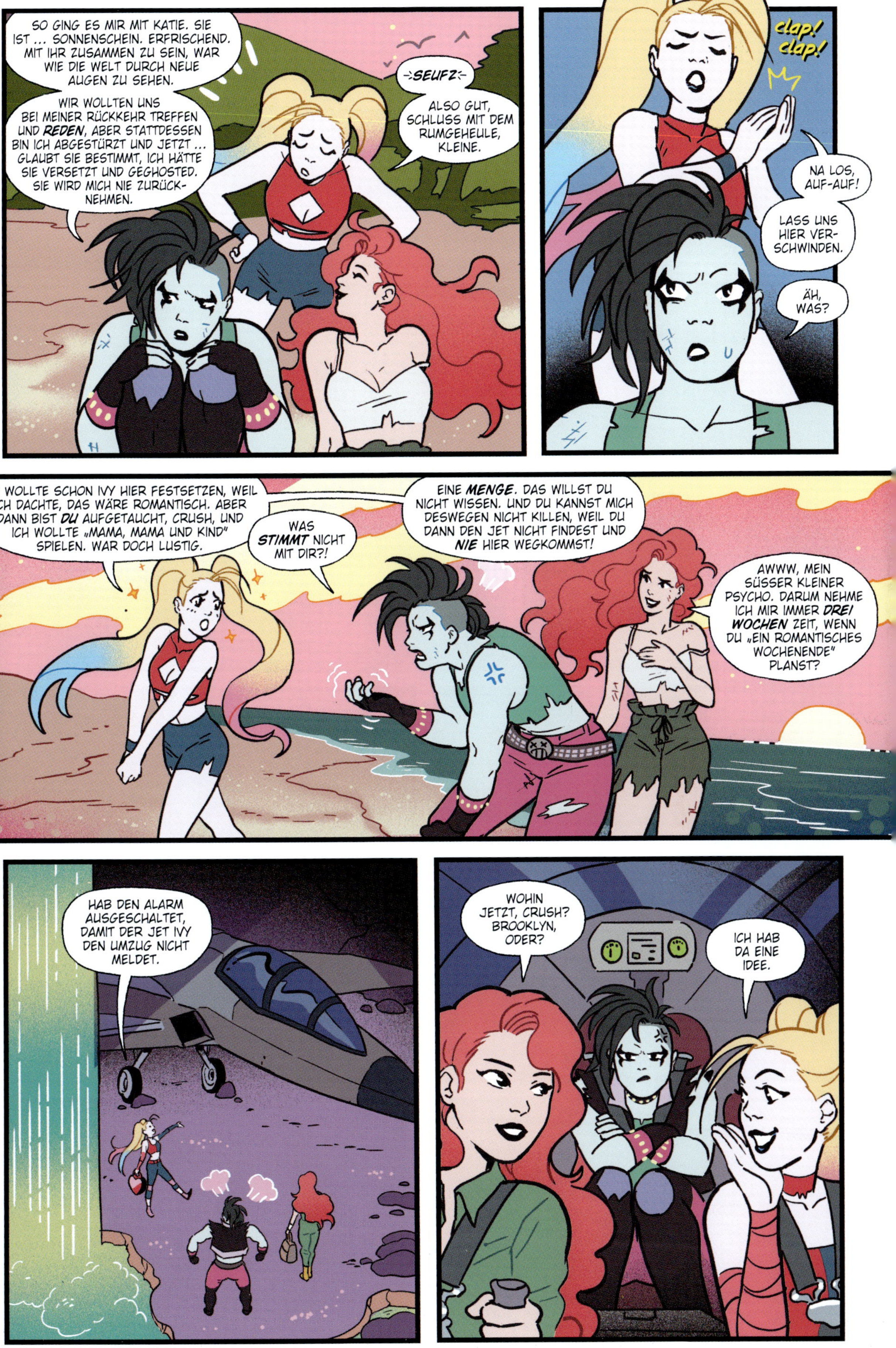
SO GING ES MIR MIT KATIE. SIE IST … SONNENSCHEIN. ERFRISCHEND. MIT IHR ZUSAMMEN ZU SEIN, WAR WIE DIE WELT DURCH NEUE AUGEN ZU SEHEN.
WIR WOLLTEN UNS BEI MEINER RÜCKKEHR TREFFEN UND *REDEN*, ABER STATTDESSEN BIN ICH ABGESTÜRZT UND JETZT … GLAUBT SIE BESTIMMT, ICH HÄTTE SIE VERSETZT UND GEGHOSTED. SIE WIRD MICH NIE ZURÜCKNEHMEN.
SEUFZ
ALSO GUT, SCHLUSS MIT DEM RUMGEHEULE, KLEINE.
clap! clap!
NA LOS, AUF-AUF!
LASS UNS HIER VERSCHWINDEN.
ÄH, WAS?
H WOLLTE SCHON IVY HIER FESTSETZEN, WEIL CH DACHTE, DAS WÄRE ROMANTISCH. ABER DANN BIST *DU* AUFGETAUCHT, CRUSH, UND ICH WOLLTE „MAMA, MAMA UND KIND" SPIELEN. WAR DOCH LUSTIG.
WAS *STIMMT* NICHT MIT DIR?!
EINE *MENGE*. DAS WILLST DU NICHT WISSEN. UND DU KANNST MICH DESWEGEN NICHT KILLEN, WEIL DU DANN DEN JET NICHT FINDEST UND *NIE* HIER WEGKOMMST!
AWWW, MEIN SÜSSER KLEINER PSYCHO. DARUM NEHME ICH MIR IMMER *DREI WOCHEN* ZEIT, WENN DU „EIN ROMANTISCHES WOCHENENDE" PLANST?
HAB DEN ALARM AUSGESCHALTET, DAMIT DER JET IVY DEN UMZUG NICHT MELDET.
WOHIN JETZT, CRUSH? BROOKLYN, ODER?
ICH HAB DA EINE IDEE.

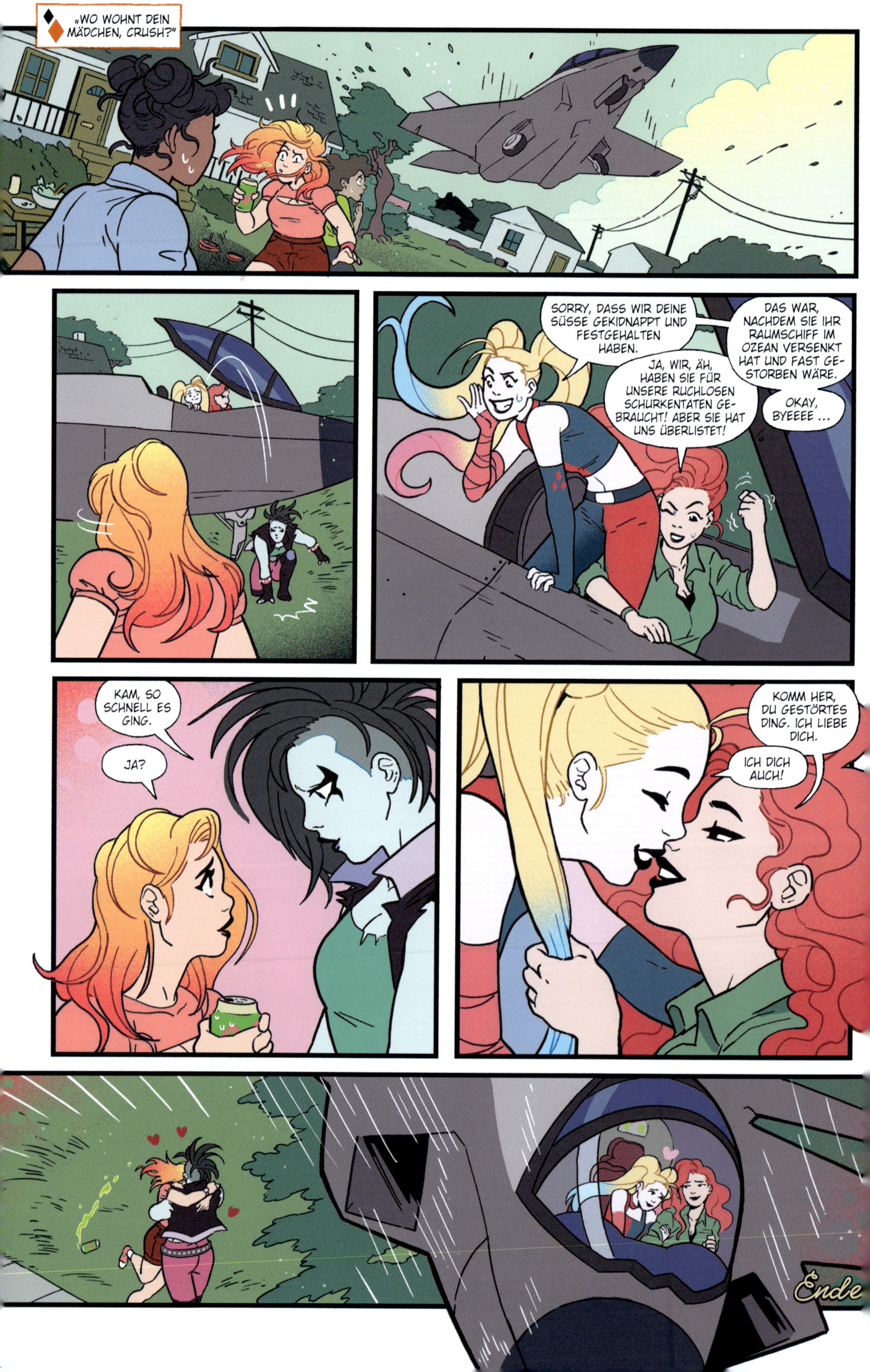
„WO WOHNT DEIN MÄDCHEN, CRUSH?"
SORRY, DASS WIR DEINE SÜSSE GEKIDNAPPT UND FESTGEHALTEN HABEN.
JA, WIR, ÄH, HABEN SIE FÜR UNSERE RUCHLOSEN SCHURKENTATEN GEBRAUCHT! ABER SIE HAT UNS ÜBERLISTET!
DAS WAR, NACHDEM SIE IHR RAUMSCHIFF IM OZEAN VERSENKT HAT UND FAST GESTORBEN WÄRE.
OKAY, BYEEEE ...
KAM, SO SCHNELL ES GING.
JA?
KOMM HER, DU GESTÖRTES DING. ICH LIEBE DICH.
ICH DICH AUCH!
Ende

UNTZ UNTZ UNTZ
ECHT JETZT?
SCARECROWS MÄNNER HABEN ZUM SCHMUGGELN EIN VERDAMMTES PARTY-BOOT GEKAUFT?
FRECH.
DAMIAN, WO STECKST DU? ICH HAB SCHON VOR 'NER HALBEN STUNDE UM HILFE GEBETEN.
WEHE DU DRÜCKST DICH, WEIL DU AUFRÄUMEN HASST.
BEEP
SCHHHH -- ILFE UNTERWEGS.
HEUL NI-- SCHHH SO RUM.
WARUM MUSS ICH IMMER MIT DAMIAN PATROUILLIEREN.
BEEP
VROOM
ENDLICH.
HEY, HILF MIR, DIESE BLÖDEN LICHTER AUSZU-SCHALTEN!
DANKE, ABER DUUUUUU ...
... BIST NICHT DAMIAN!
THUNK

SORRY, ICH ...
... BIN DIE HILFE.
OH.
SORRY, ABER ICH HABE ... DAMIAN ERWARTET.
TJA ... LANG NICHT GESEHEN.
JEP.
ICH TUE DAMIAN EINEN GEFALLEN. ER HASST AUFRÄUMEN.
KLAR!
ÄH ...
AN DIE ARBEIT.
OKAY! ICH VERLAD--
DIE FURCHTTECH AUFS BATBOOT, JA.
AAALLES KLAR!
PEW PEW ...

MEIN RÜCKEN KILLT MICH.
JA, SEINE BEWUSSTLOSEN FEINDE HERUMZUWUCHTEN, GEHT GANZ SCHÖN AUF DIE LENDENWIRBEL.
WÄRE DAMIAN HIER, WÜRD ICH'S IHN ALLEIN MACHEN LASSEN.
HEISST DAS, DU MACHST ES MIR LEICHT?
NEIN!
ES IST NUR … DAMIAN MUSSTE NOCH NIE IN SEINEM LEBEN AUFRÄUMEN UND DAS MERKT MAN AUCH BEI DER VERBRECHENSBEKÄMPFUNG.
JA, ER IST STUR, KOMPROMISSLOS UND KENNT SICH SELBST GUT.
IRGENDWIE EIN BEWUNDERNSWERTER MISTKERL.
DU TUST IHM EINEN ECHT GROSSEN GEFALLEN.
… ICH HAB ES IHM ANGEBOTEN.
DAMIAN SAGTE NUR, DASS ER DIR HEUTE HELFEN WÜRDE UND … DASS DU VOR KURZEM DEIN COMING-OUT HATTEST.
ICH FREUE MICH FÜR DICH.
TIM, WIR MÜSSEN NI--
WO WARST DU?

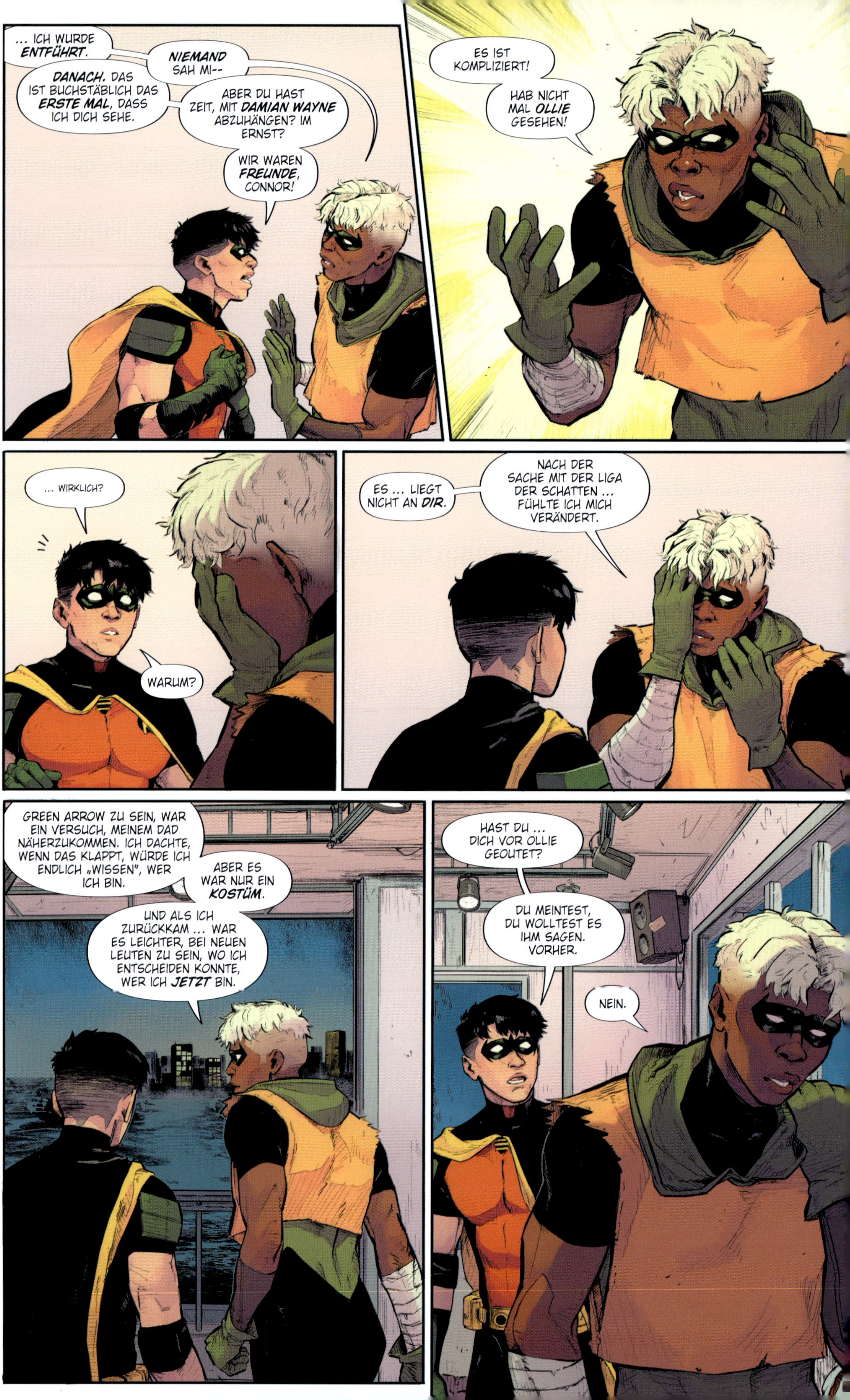

... ICH WURDE ENTFÜHRT.
NIEMAND SAH MI--
DANACH. DAS IST BUCHSTÄBLICH DAS ERSTE MAL, DASS ICH DICH SEHE.
ABER DU HAST ZEIT, MIT DAMIAN WAYNE ABZUHÄNGEN? IM ERNST?
WIR WAREN FREUNDE, CONNOR!
ES IST KOMPLIZIERT!
HAB NICHT MAL OLLIE GESEHEN!
... WIRKLICH?
WARUM?
ES ... LIEGT NICHT AN DIR.
NACH DER SACHE MIT DER LIGA DER SCHATTEN ... FÜHLTE ICH MICH VERÄNDERT.
GREEN ARROW ZU SEIN, WAR EIN VERSUCH, MEINEM DAD NÄHERZUKOMMEN. ICH DACHTE, WENN DAS KLAPPT, WÜRDE ICH ENDLICH „WISSEN", WER ICH BIN.
ABER ES WAR NUR EIN KOSTÜM.
UND ALS ICH ZURÜCKKAM ... WAR ES LEICHTER, BEI NEUEN LEUTEN ZU SEIN, WO ICH ENTSCHEIDEN KONNTE, WER ICH JETZT BIN.
HAST DU ... DICH VOR OLLIE GEOUTET?
DU MEINTEST, DU WOLLTEST ES IHM SAGEN. VORHER.
NEIN.

ICH VERSUCHE NOCH ZU ENTSCHEIDEN, OB ES MIR WAS BRINGEN WÜRDE, IHM ZU SAGEN, DASS ICH ACE BIN.
ER WILL UNTERSTÜTZEND SEIN, ABER ES IST OFFENSICHTLICH, DASS WIR NICHTS GEMEINSAM HABEN. DASS ER MICH NICHT VERSTEHT.
IST NUR WIEDER EINES DIESER DINGE, ALSO NICHTS NEUES.
ICH HALTE ES JA AUCH NICHT GEHEIM, ABER-- ACH, ICH WEISS NICHT.
ALS ICH MEIN COMING-OUT HATTE, WAR ES KURZ HART, IN STEPHANIES NÄHE ZU SEIN.
ICH HATTE MICH LANGE ZEIT ÜBER ANDERE MENSCHEN DEFINIERT.
ICH WAR STEPHANIES FREUND, BATMANS SIDEKICK ROBIN, ICH WAR ... ZU BESCHÄFTIGT, UM WIRKLICH ÜBER MICH NACHZUDENKEN.
AN DIESE VERGANGENHEIT HAT STEPHANIE MICH ERINNERT, ALSO ... ICH VERSTEHE.
DU BRAUCHST MEIN LOB NICHT, ABER ICH BIN STOLZ AUF DICH. SCHÖN, DASS DU UNTERSTÜTZUNG HATTEST.
BRUCE GING RECHT STOISCH DAMIT UM. ABER ICH HAB GESEHEN, DASS ER SICH GESTERN WEEKEND ANGESCHAUT HAT.
TUT MIR LEID, DASS ICH NICHT DA WAR, ALS DU MICH GEBRAUCHT HAST. DU WARST DIE ERSTE PERSON, MIT DER ICH DAMALS WÄHREND MEINER SELBSTFINDUNG GEREDET HABE.
SCHON GUT. SORRY, DASS ICH MICH NICHT GEMELDET HABE, ALS ICH HÖRTE, DASS DU MIT DAMIAN ABHÄNGST.
ICH WAR VERLETZT UND ... ZU NACHTRAGEND.
DU WEISST, DASS DEINE IDENTITÄT NICHT DAVON BESTIMMT WIRD, WAS OLLIE WEISS, ODER? DU BIST QUEER, OB DU ES IHM SAGST ODER NICHT.
SOLLTE NICHT ICH DERJENIGE SEIN, DER DICH TRÖSTET?
JA, ABER ICH TRAINIERE MEINE EMOTIONALE INTELLIGENZ.
HAB DICH VERMUTLICH WEIT ÜBERHOLT.
DIE SONNE GEHT AUF.
ICH WÜRDE FÜR WAS FETTIGES TÖTEN.
AM HAFEN GIBT'S 'NEN GUTEN DINER.
COOL.
CHIRP CHIRP CHIRP

HEY, CONNOR. ICH WOLLTE DIR DANKEN.
FÜR WAS?
VORHIN … ALS DU ÜBER DAS HINTERFRAGEN DEINER IDENTITÄT GESPRO-CHEN HAST … ICH ERINNERE MICH, DASS ICH DIR ERZÄHLT HABE, DASS ES MIR OFT GANZ GENAUSO GING.
ABER DU HAST GESEHEN, DASS ICH MICH DEM NOCH NICHT STELLEN KONNTE UND …
DU HAST MICH NIE GEDRÄNGT, NUR ZUGEHÖRT. UND ES WAR WICHTIG FÜR MICH ZU WISSEN, DASS JEMAND SCHON VOR MIR WUSSTE, DASS ICH QUEER BIN.
FREUT MICH, DASS WIR WIEDER REDEN.
MICH AUCH.
HALLO? SEID IHR BEIDE TOT?
OH! HEY, DAMIAN.
ICH HAB DICH UM 3 UHR LOSGESCHICKT UND JETZT IST ES FAST 5:30 UHR. MUSSTE SICHERGEHEN, DASS EUCH EURE INKOMPETENZ NICHT UMGEBRACHT HAT.
HEY, DA DU SCHON MAL HIER BIST, KANNST DU DEN POLIZEI-PAPIERKRAM AUSFÜLLEN UND DAS BOOT ZURÜCKBRINGEN.
WAS?! UND WO GEHT IHR BITTE HIN?
WIR REDEN IM DINER ÜBER UNSERE GEFÜHLE.
KANNST GERN MITKOMMEN.
…
JETZT WÜNSCHTE ICH, IHR WÄRT ERMORDET WORDEN. CIAO.
WIE DU WILLST!
HAHA HAHA!
„DAS WIRD 'NE TOLLE SACHE."
OPEN
R & R DINER
HALLO, FREMDER
NADIA SHAMMAS...........Story
BRUKA JONES......Zeichnungen
TAMRA BONVILLAIN......Farben
CAROLIN HIDALGO..Übersetzung
WALPROJECT......Lettering
ANDREA SHEA...Redaktion USA

Harley Quinn in
Schräger als Fanfiction
Story: Alexis Quasarano Zeichnungen: Max Sarin
Farben: Marissa Louise Übersetzung: Carolin Hidalgo
Lettering: Walproject
Redaktion USA: Alex Galer, Ben Meares & Katie Kubert
Harley Quinn geschaffen von Paul Dini und Bruce Timm.
AH! VALENTINSTAG … DIE ZEIT DER LIEBE UND DER KARTENHERSTELLER IM KAPITALISTISCHEN GELDRAUSCH. ABER ZUMINDEST IST SCHOKOLADE AB MORGEN IM ANGEBOT!
NA JA, IHR WUNDERT EUCH SICHER, WARUM ICH AUF GOTHAMS GARTEN-MASKEN-BALL BIN …
… WO JEDER MIT MEHREREN AUSLANDS-KONTEN ZUSCHAUEN KANN, WIE IRGENDEINE SELTENE BLUME ZUM ERSTEN MAL SEIT HUNDERT JAHREN WIEDER ERBLÜHT. NUN, ICH HABE EINE WIIIICHTIGE MISSION.
UND ZUM GLÜCK HÄLT SO EIN EVENT DIE ALLERBESTEN GETRÄNKE UND KNABBEREIEN BEREIT.
UND EINE FRAU WIE ICH SPEIST AN EINEM ABEND WIE HEUTE NICHT ALLEIN. NICHT DASS ICH WAS GEGEN LEUTE HÄTTE, DIE GERN ALLEIN ESSEN, ABER DIESE MISSION VERLANGT, DASS ICH JEMAND SPEZIELLES FINDE.
VERZEIHUNG. NACH IHNEN …

HARLEY?! WAS TUST DU DENN HIER?
ÜBERRASCHUNG! DACHTE, ICH TRAG MAL WAS SCHICKES, UM DIE DINGE AUFZUPEPPEN.
WARUM NUR EINE ÖDE MASKE TRAGEN, WENN MAN NOCH EINEN SCHRITT WEITER GEHEN KANN? GEFÄLLT'S DIR? HAB BEIM ZUSAMMENSTELLEN AN DICH GEDACHT. DU SIEHST ÜBRIGENS SCHARF AUS, IVY. KEINE MASKE KANN DEINE SCHÖNHEIT VERSTECKEN.
KEINE VON EUCH SCHÖNHEITEN SOLLTE SICH HINTER EINER MASKE VERSTECKEN. IST EINE VON EUCH IN DER STIMMUNG FÜR AMORS PFEIL? WENN IHR WISST, WAS ICH MEINE.
SORRY, KUMPEL. WIR MÜSSEN LOS. ICH GLAUB, ICH HÖR MEINEN, ÄÄH, HEDGEFONDS-MANAGER.
KANN ICH DICH KUR UNTER VIER AUGE SPRECHEN?
SCHÖN, DICH ZU SEHEN, ABER WOHER WUSSTEST DU, DASS ICH HIER BIN? ICH HAB DIR NICHTS VON DIESEM EVENT ERZÄHLT. ICH ARBEITE HIER.
ICH BIN DIR GEFOLGT.
GIBT DOCH NICHTS ROMANTISCHERES, ALS HEIMLICH SEINER LIEBE ZU FOLGEN, UM IHR EIN SELBST GEMACHTES GESCHENK ZU GEBEN.
KLINGT NACH EINEM STALKER.
DARAN DACHTE ICH NICHT MAL. EGAL. DA ICH SCHON MAL HIER BIN, MAGST DU ES ÖFFNEN?
RIIIP
DU HÄTTEST MIR KEIN ... MANIFEST BESORGEN MÜSSEN.
NICHT DOCH ... SCHAU REIN. ABER EIN MANIFEST IST KEINE ÜBLE IDEE. DAS IST SO WAS WIE EIN MAGAZIN, ODER?
WEISS IMMER NOCH NICHT, WAS ICH DA SEHE. KLEINER TIPP?
DU HAST MAL GESAGT, DU HÄTTEST MICH GERN AUF DER HIGHSCHOOL KENNENGELERNT, DAMIT WIR ZUM ABSCHLUSSBALL HÄTTEN GEHEN KÖNNEN.
GLAUBE NICHT, DASS ICH DAS JE GESAGT HABE, ABER ES KLINGT NETT.
VIELLEICHT HAB ICH'S AUCH NUR GETRÄUMT ... DU HATTEST EINEN TAUCHERANZUG AN UND MIR FIELEN DIE ZÄHNE AUS.
JEDENFALLS HAB ICH 'NE STORY GESCHRIEBEN.
IN DER DIR DIE ZÄHNE AUSFALLEN?
DAS WILL KEINER LESEN ... AUSSER VIELLEICHT CARL JUNG.
NEIN, DAS IST EINE STORY ÜBER UNS. EIN ALTERNATIVES UNIVERSUM SOZUSAGEN ODER „A.U." WIE ES DIE KIDS HEUTZUTAGE NENNEN. IM PRINZIP FANFIC. ICH LESE ES DIR VOR.

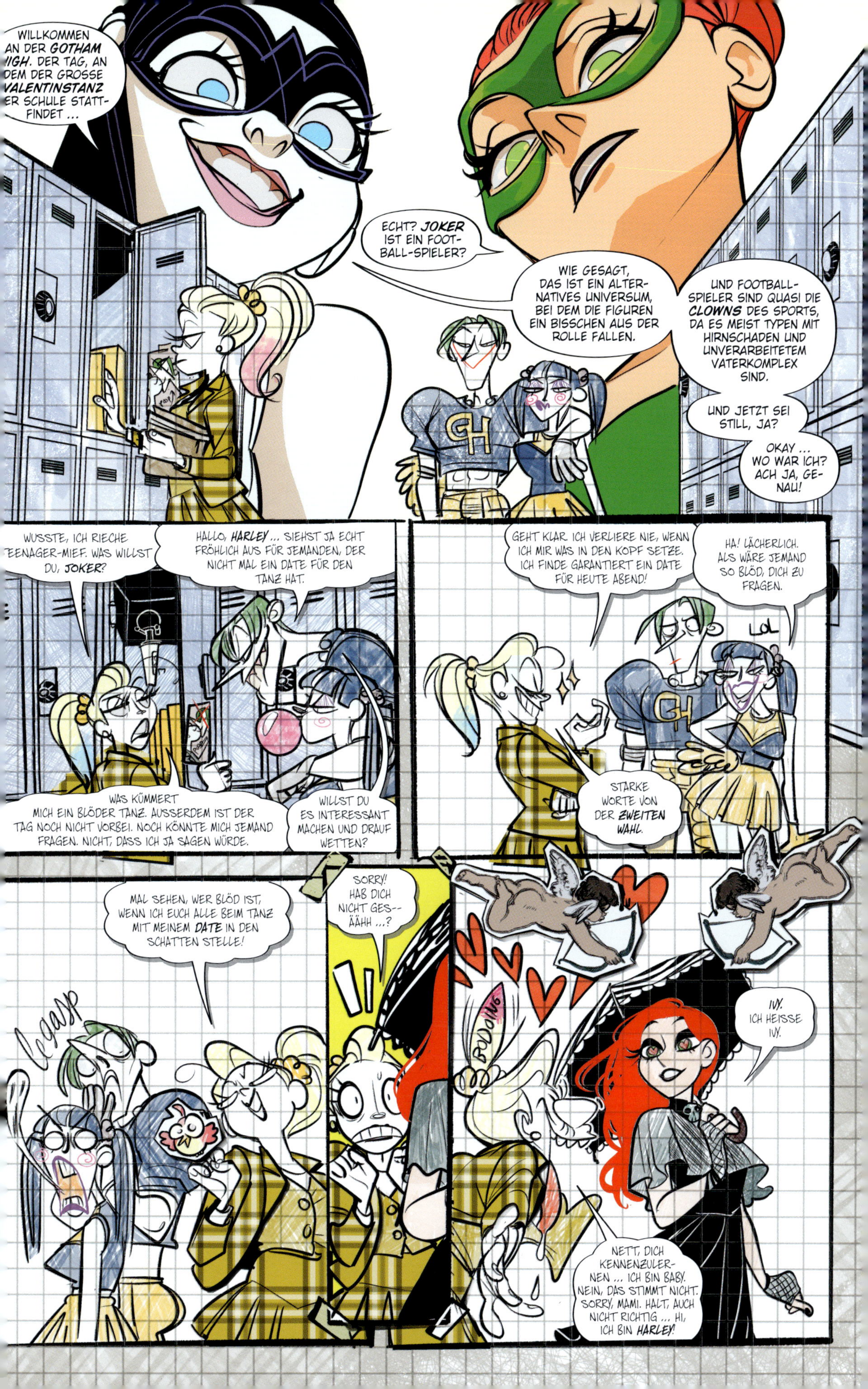

WILLKOMMEN AN DER GOTHAM HIGH. DER TAG, AN DEM DER GROSSE VALENTINSTANZ DER SCHULE STATTFINDET …
ECHT? JOKER IST EIN FOOTBALL-SPIELER?
WIE GESAGT, DAS IST EIN ALTERNATIVES UNIVERSUM, BEI DEM DIE FIGUREN EIN BISSCHEN AUS DER ROLLE FALLEN.
UND FOOTBALLSPIELER SIND QUASI DIE CLOWNS DES SPORTS, DA ES MEIST TYPEN MIT HIRNSCHADEN UND UNVERARBEITETEM VATERKOMPLEX SIND.
UND JETZT SEI STILL, JA?
OKAY … WO WAR ICH? ACH JA, GENAU!
HALLO, HARLEY … SIEHST JA ECHT FRÖHLICH AUS FÜR JEMANDEN, DER NICHT MAL EIN DATE FÜR DEN TANZ HAT.
WUSSTE, ICH RIECHE TEENAGER-MIEF. WAS WILLST DU, JOKER?
WAS KÜMMERT MICH EIN BLÖDER TANZ. AUSSERDEM IST DER TAG NOCH NICHT VORBEI. NOCH KÖNNTE MICH JEMAND FRAGEN. NICHT, DASS ICH JA SAGEN WÜRDE.
WILLST DU ES INTERESSANT MACHEN UND DRAUF WETTEN?
GEHT KLAR. ICH VERLIERE NIE, WENN ICH MIR WAS IN DEN KOPF SETZE. ICH FINDE GARANTIERT EIN DATE FÜR HEUTE ABEND!
HA! LÄCHERLICH. ALS WÄRE JEMAND SO BLÖD, DICH ZU FRAGEN.
LOL
STARKE WORTE VON DER ZWEITEN WAHL.
MAL SEHEN, WER BLÖD IST, WENN ICH EUCH ALLE BEIM TANZ MIT MEINEM DATE IN DEN SCHATTEN STELLE!
GASP
SORRY! HAB DICH NICHT GES-- ÄÄHH …?
!!
BOING
IVY. ICH HEISSE IVY.
NETT, DICH KENNENZULERNEN … ICH BIN BABY. NEIN, DAS STIMMT NICHT. SORRY, MAMI. HALT, AUCH NICHT RICHTIG … HI, ICH BIN HARLEY!

LADYS UND GENTLEMEN, DAS ERBLÜHEN DER ROSA **MOMENTO AMORANTA** WIRD IN 30 MINUTEN IM GEWÄCHSHAUS STATTFINDEN. DAS SOLLTEN SIE SICH NICHT ENTGEHEN LASSEN!
DACHTE, ICH HÄTTE MEHR ZEIT.
HÖRST DU ÜBERHAUPT ZU?
JA, TU ICH. ICH BIN ... NUR GERADE ETWAS BESCHÄFTIGT.
BIIIITTE. ICH BEEIL MICH AUCH.
EINE SEKUNDE. MUSS MICH KONZENTRIEREN.
ICH HAB'S!
KLIK
20:42:21
DA IST SIE! SCHAU, HARLEY! IST SIE NICHT SCHÖN?
KNUTSCH DOCH MIT IHR RUM, WENN SIE SO SCHÖN IST.
WAS SAGST DU?
NICHTS! OKAY, ICH GEH EINFACH DAVON AUS, DASS DU ZUHÖRST, DA DU DEINE BLUME GEFUNDEN HAST. ALSO, WO WAR ICH?

„ACH JA! ALSO ... HARLEY UND IVY HATTEN GERADE EIN SÜSSES ERSTES TREFFEN UND WARTEN, DASS DIE ANDERE DEN ANFANG MACHT. WIR-- ICH MEINE ... SIE SIND SO PUTZIG!"
ALSO ... ÄHM ... IST ALLES OKAY? KLANG, ALS WÄRE DER JOKER ECHT FIES ZU DIR GEWESEN. KEINE ÜBERRASCHUNG.
OH, JA ... ECHT TYPISCH FÜR IHN. ABER ER HAT RECHT.
NIEMAND WILL DIESES JAHR MIT MIR AUF DEN VALENTINSTANZ GEHEN.
ICH ÄRGERE MICH, WEIL ICH'S AN MICH RANGELASSEN HABE. ES IST NUR EIN BLÖDER TANZ.
ES IST NICHT BLÖD UND ES STIMMT NICHT, DASS NIEMAND MIT DIR HINGEHEN WILL ...
ÄHH ... HARLEY, WÜRDEST DU MICH ZUM TANZ BEGLEITEN?
OH MEIN GOTT! WIRKLICH? ABER DU BIST EIN COOLES GOTH-GIRL. WARUM WILLST DU MIT **MIR** GEHEN? MEINE ANTWORT IST NATÜRLICH JA ... BIN NUR ÜBERRASCHT.
ICH WEISS NICHT. DU HAST EBEN ETWAS AN DIR, DAS MICH NEUE DINGE TUN LASSEN WILL ... WIE AUF EINEN TANZ ZU GEHEN.
UND ICH FAND DICH SCHON IMMER SÜSS. BUNTE FARBEN SIND NICHT MEIN DING, ABER AN DIR SCHON.
ICH GEH JETZT, BEVOR MEIN GESICHT EXPLODIERT. ABER JA, ES IST EIN DATE! WIE AUFREGEND! ICH HOL DICH UM SIEBEN AB!
FLIP
FLIP
FLIP
HARLEY + IVY 4EVA
ICH BLÄTTER EIN STÜCK VOR. DEN TEIL KANNST DU SPÄTER LESEN, WENN DU MAGST. NUR ETWAS FÜLLSTOFF, WIE HARLEY UND IVY SICH IM UNTERRICHT MIT HERZCHENAUGEN ANGUCKEN. SPANNUNGSAUFBAU UND SO. ABER HIER SIND WIR, DAS **GROSSE DATE**!
BEEEEEEP BEEEEP
EURE KUTSCHE WARTET, MYLADY!

VALENTINE'S DAY dance
BEREIT?
MIT DIR? IMMER.
OKAY, DANN BEI DREI ...
... EINS ... ZWEI ...
KREEEEAAAK
DREI!
WOW. DAS IST ...
ZU VIEL? WIR KÖNNEN GEHEN ...
ICH WOLLTE SAGEN ...
WUNDERSCHÖN.
KOTZ. IST DAS HIER 'NE ROM-KOM?
UUUND DER MOMENT IST RUINIERT. IST WAS? WIR WAREN GERADE MITTEN IN ETWAS GANZ BESONDEREM.
MUSSTEST DU AUF **ERPRESSUNG** ZURÜCKGREIFEN, UM EIN DATE ZU KRIEGEN? ABER GUT, ICH HABE DIE WETTE VERLOREN. AKZEPTIERST DU EINEN SCHECK?
GIBT'S NOCH SCHECKS?

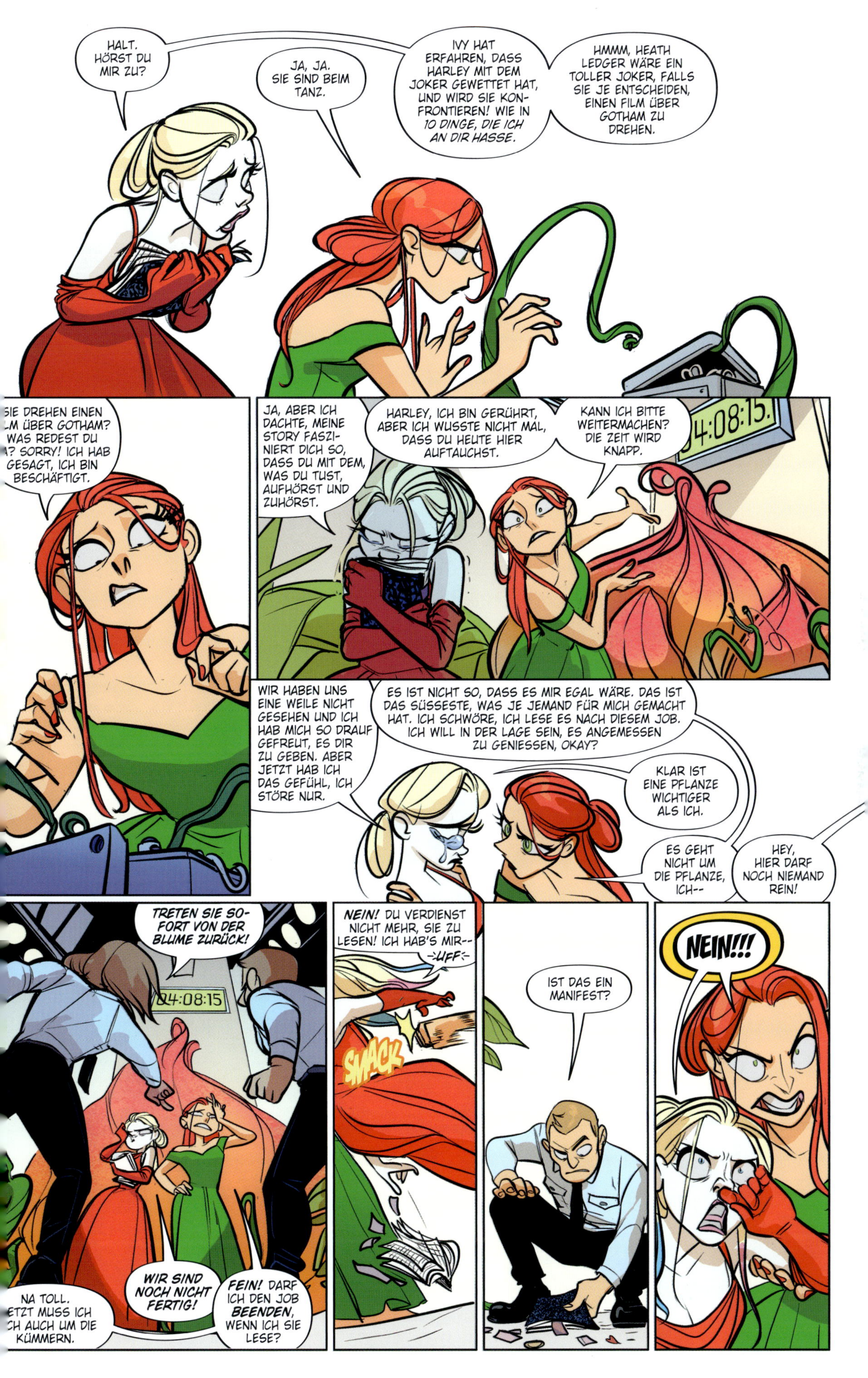
HALT. HÖRST DU MIR ZU?
JA, JA. SIE SIND BEIM TANZ.
IVY HAT ERFAHREN, DASS HARLEY MIT DEM JOKER GEWETTET HAT, UND WIRD SIE KONFRONTIEREN! WIE IN 10 DINGE, DIE ICH AN DIR HASSE.
HMMM, HEATH LEDGER WÄRE EIN TOLLER JOKER, FALLS SIE JE ENTSCHEIDEN, EINEN FILM ÜBER GOTHAM ZU DREHEN.
SIE DREHEN EINEN FILM ÜBER GOTHAM? WAS REDEST DU DA? SORRY! ICH HAB GESAGT, ICH BIN BESCHÄFTIGT.
JA, ABER ICH DACHTE, MEINE STORY FASZINIERT DICH SO, DASS DU MIT DEM, WAS DU TUST, AUFHÖRST UND ZUHÖRST.
HARLEY, ICH BIN GERÜHRT, ABER ICH WUSSTE NICHT MAL, DASS DU HEUTE HIER AUFTAUCHST.
KANN ICH BITTE WEITERMACHEN? DIE ZEIT WIRD KNAPP.
04:08:15
WIR HABEN UNS EINE WEILE NICHT GESEHEN UND ICH HAB MICH SO DRAUF GEFREUT, ES DIR ZU GEBEN. ABER JETZT HAB ICH DAS GEFÜHL, ICH STÖRE NUR.
ES IST NICHT SO, DASS ES MIR EGAL WÄRE. DAS IST DAS SÜSSESTE, WAS JE JEMAND FÜR MICH GEMACHT HAT. ICH SCHWÖRE, ICH LESE ES NACH DIESEM JOB. ICH WILL IN DER LAGE SEIN, ES ANGEMESSEN ZU GENIESSEN, OKAY?
KLAR IST EINE PFLANZE WICHTIGER ALS ICH.
ES GEHT NICHT UM DIE PFLANZE, ICH--
HEY, HIER DARF NOCH NIEMAND REIN!
TRETEN SIE SOFORT VON DER BLUME ZURÜCK!
04:08:15
NA TOLL. JETZT MUSS ICH MICH AUCH UM DIE KÜMMERN.
WIR SIND NOCH NICHT FERTIG!
FEIN! DARF ICH DEN JOB BEENDEN, WENN ICH SIE LESE?
NEIN! DU VERDIENST NICHT MEHR, SIE ZU LESEN! ICH HAB'S MIR--
-UFF-
SMACK
IST DAS EIN MANIFEST?
NEIN!!!

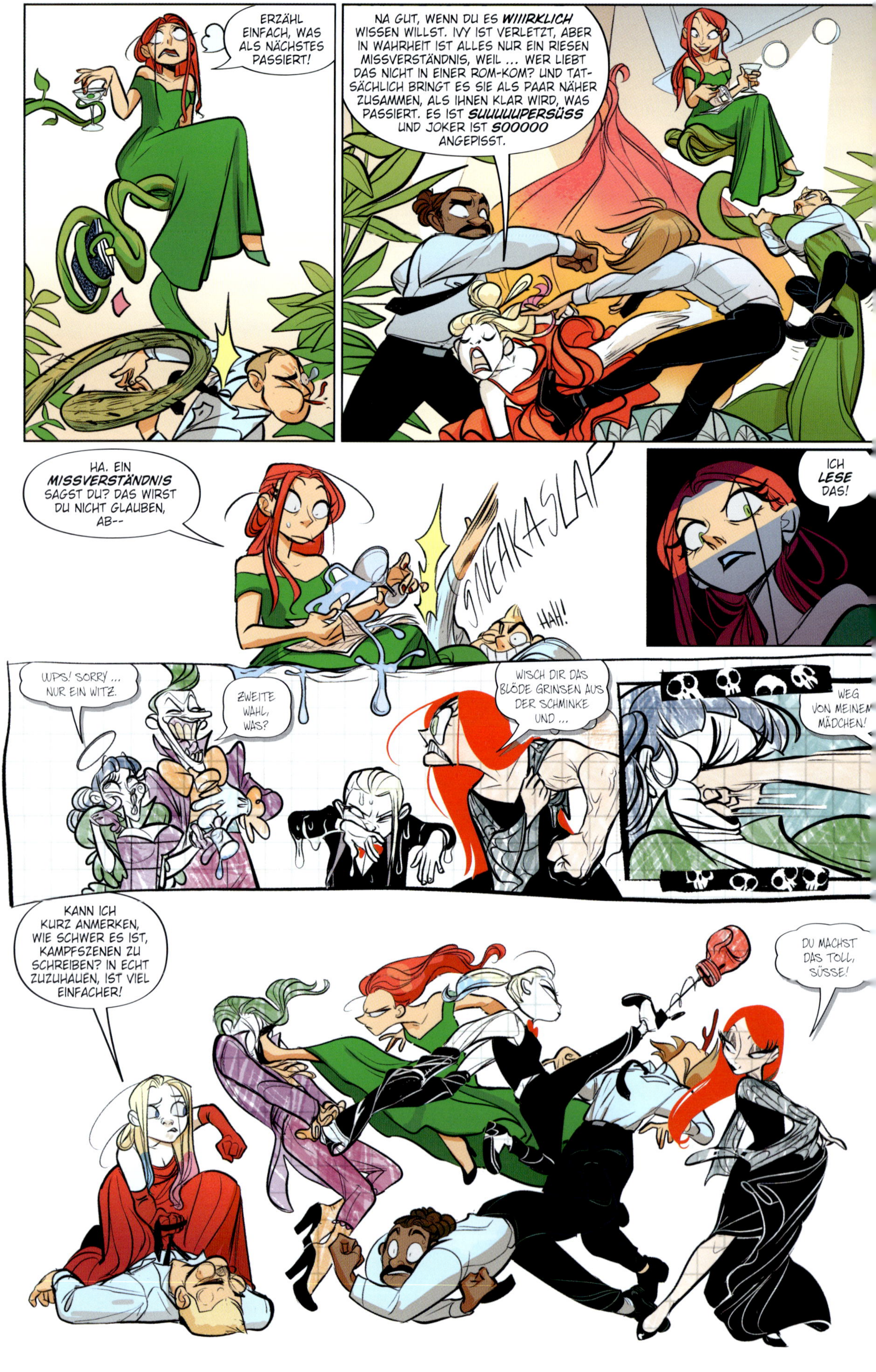
ERZÄHL EINFACH, WAS ALS NÄCHSTES PASSIERT!
NA GUT, WENN DU ES WIIIRKLICH WISSEN WILLST. IVY IST VERLETZT, ABER IN WAHRHEIT IST ALLES NUR EIN RIESEN MISSVERSTÄNDNIS, WEIL ... WER LIEBT DAS NICHT IN EINER ROM-KOM? UND TATSÄCHLICH BRINGT ES SIE ALS PAAR NÄHER ZUSAMMEN, ALS IHNEN KLAR WIRD, WAS PASSIERT. ES IST SUUUUUPERSÜSS UND JOKER IST SOOOOO ANGEPISST.
HA. EIN MISSVERSTÄNDNIS SAGST DU? DAS WIRST DU NICHT GLAUBEN, AB--
SNEAKASLAP
HAH!
ICH LESE DAS!
WUPS! SORRY ... NUR EIN WITZ.
ZWEITE WAHL, WAS?
WISCH DIR DAS BLÖDE GRINSEN AUS DER SCHMINKE UND ...
WEG VON MEINEM MÄDCHEN!
KANN ICH KURZ ANMERKEN, WIE SCHWER ES IST, KAMPFSZENEN ZU SCHREIBEN? IN ECHT ZUZUHAUEN, IST VIEL EINFACHER!
DU MACHST DAS TOLL, SÜSSE!

ALSO, LADYS, SICHER FINDET SICH EIN ANDERER WEG, EURE WUT RAUSZULASSEN. DAS IST EIN TAG DER LIEBE, NICHT DES HASSES.
HALT'S!
MAUL!
POW
KO
AHHHHH!
FROHEN VALENTINSTAG, HARLEY.
FROHEN VALENTINSTAG, IVY. WIE SOLLEN WIR DAS NÄCHSTES JAHR TOPPEN?
DU PLANST SCHON UNSER **EINJÄHRIGES?**
ÄHH, WENN DAS HEISST, DASS DU MEINE COOLE GOTH-FREUNDIN BIST.
NICHTS WÜRDE MEIN SCHWARZES HERZ MEHR ERWÄRMEN.

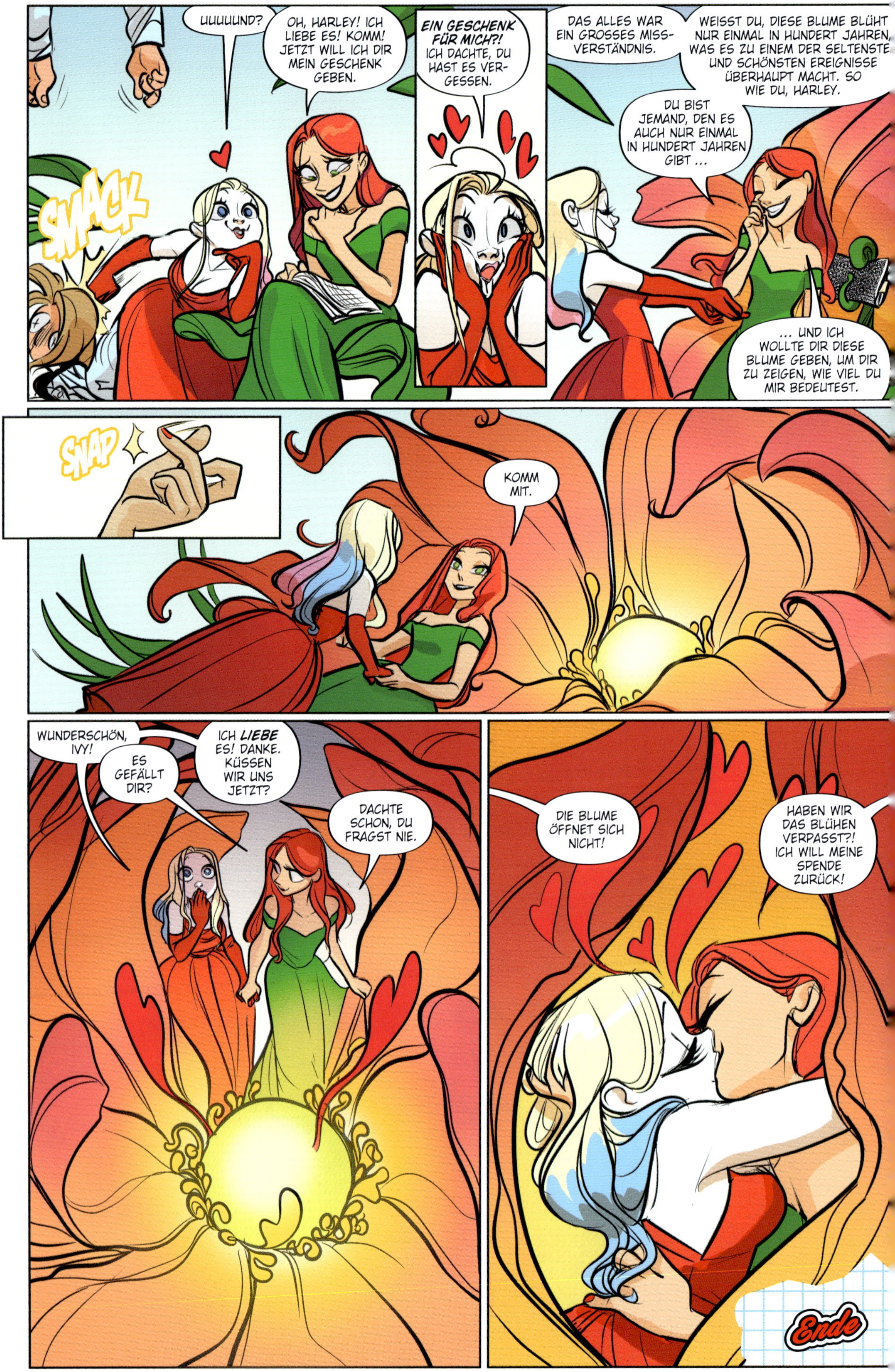
UUUUUND?
OH, HARLEY! ICH LIEBE ES! KOMM! JETZT WILL ICH DIR MEIN GESCHENK GEBEN.
SMACK
EIN GESCHENK FÜR MICH?! ICH DACHTE, DU HAST ES VERGESSEN.
DAS ALLES WAR EIN GROSSES MISSVERSTÄNDNIS.
WEISST DU, DIESE BLUME BLÜHT NUR EINMAL IN HUNDERT JAHREN, WAS ES ZU EINEM DER SELTENSTE UND SCHÖNSTEN EREIGNISSE ÜBERHAUPT MACHT. SO WIE DU, HARLEY.
DU BIST JEMAND, DEN ES AUCH NUR EINMAL IN HUNDERT JAHREN GIBT ...
... UND ICH WOLLTE DIR DIESE BLUME GEBEN, UM DIR ZU ZEIGEN, WIE VIEL DU MIR BEDEUTEST.
SNAP
KOMM MIT.
WUNDERSCHÖN, IVY!
ES GEFÄLLT DIR?
ICH LIEBE ES! DANKE. KÜSSEN WIR UNS JETZT?
DACHTE SCHON, DU FRAGST NIE.
DIE BLUME ÖFFNET SICH NICHT!
HABEN WIR DAS BLÜHEN VERPASST?! ICH WILL MEINE SPENDE ZURÜCK!
Ende

AS LÄNDLICHE VERMONT
RGENDWO ZWISCHEN DEM HAUS DER MYSTERIEN UND DEM HAUS DER GEHEIMNISSE
RRRROOOOAAAAAAGGG!
K-KK-KKK
ER IST EIN GUTER JUNGE. ER ... VERSTEHT.
SIEH IHN DIR AN. STARKER KLEINER KERL. GANZ WIE DER PAPA.
FWACK
DEIN MONSTER HAT KEINE CHANCE GEGEN DEN SOHN AUS STAHL, JOHN.
BBMMMMMMMM

HM, JA. DU KÖNNTEST RECHT HABEN, FELIX. MIT DEM HABE ICH MICH SCHEINBAR ETWAS ÜBER-NOMMEN.
KEINE CHANCE. SO LÄUFT ES FÜR MEINE FREUNDE UND MICH OFT. VIELLEICHT SOGAR FÜR DEN GUTEN JON ... ZUMINDEST AB UND ZU.
BLEIB UNTEN!
KNNMMMSCH
MUSST ZUGEBEN, DAS WAR EIN VOLL-TREFFER.
WIE GESAGT, KEINE CHANCE. DEINE MAGIE IST EHER FÜR DIE BÜHNE ALS FÜR DEN KAMPF GEEIGNET, CONSTANTINE.
HEY, DAS IST EIN GUTES MONSTER, DAS ICH DA BESCHWO-REN HABE.
KNNNNCCCHHHHHH
SIEHST DU?
JA, JA, ES IST ERST VORBEI, WENN ES VORBEI IST.
UND NICHTS IST JE VORBEI. MAN KANN UNS BESIE-GEN UND VERGESSEN, ABER ICH LASS SO EINEN MIST NICHT DURCHGEHEN.

ABER JA, MIT MONSTERN BIN ICH ETWAS AUSSER ÜBUNG.
DIESE GANZE SACHE IST TROTZDEM MEINE EINZIGE CHANCE. MEINE BESTE WAHL. SELBST WENN ES VERZWEIFELT WIRKT.
THRAACKK
ICH HABE MIT FELIX FAUST GEWETTET, DASS EINS MEINER MONSTER SUPERMANS KLEINEN KNIRPS HIER, JON KENT, FERTIG-MACHEN KÖNNTE.
BCCCCKKKSCH
OKAY, GENUG ...
ABER WIE GESAGT, DER JUNGE IST STARK. DIE CHANCEN STEHEN NICHT GUT FÜR MICH.
ABER DAS TUN SIE NIE WIRKLICH, ODER? FÜR LEUTE WIE UNS.
WHMMMMMFFF

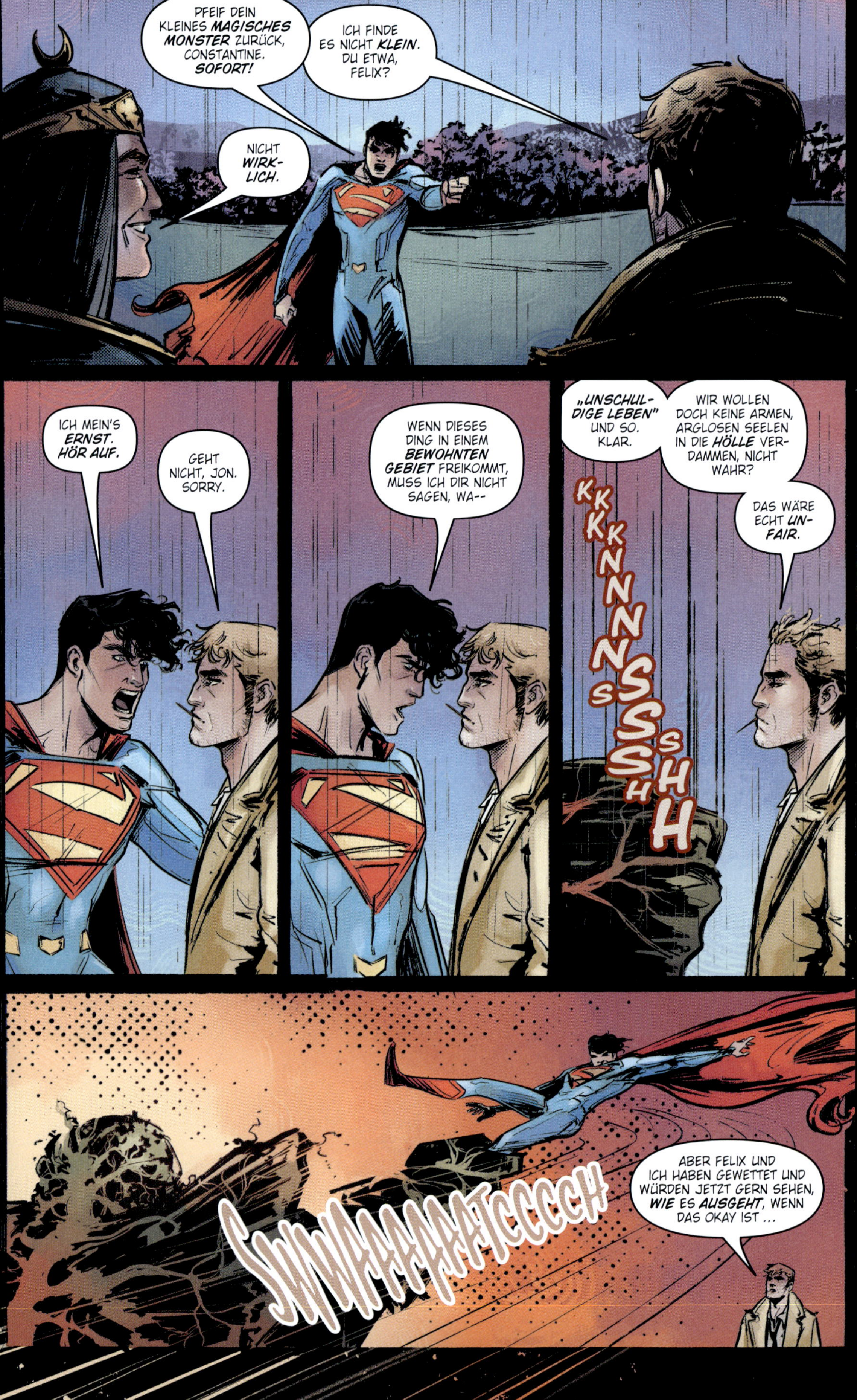
PFEIF DEIN KLEINES MAGISCHES MONSTER ZURÜCK, CONSTANTINE. SOFORT!
ICH FINDE ES NICHT KLEIN. DU ETWA, FELIX?
NICHT WIRK-LICH.
ICH MEIN'S ERNST. HÖR AUF.
GEHT NICHT, JON. SORRY.
WENN DIESES DING IN EINEM BEWOHNTEN GEBIET FREIKOMMT, MUSS ICH DIR NICHT SAGEN, WA--
„UNSCHUL-DIGE LEBEN" UND SO. KLAR.
WIR WOLLEN DOCH KEINE ARMEN, ARGLOSEN SEELEN IN DIE HÖLLE VER-DAMMEN, NICHT WAHR?
KKKKNNNNNSSSSHSHH
DAS WÄRE ECHT UN-FAIR.
SWWAAAAAATCCCCH
ABER FELIX UND ICH HABEN GEWETTET UND WÜRDEN JETZT GERN SEHEN, WIE ES AUSGEHT, WENN DAS OKAY IST ...

ES IST EBEN NICHT OKAY, CONSTANTINE ...
KKNNNNNNFFF
... ALSO LASS DAS DING VERSCHWINDEN. AUF DER ...
... STELLE!
BEHERRSCHUNG, JONNILEIN. DIESEN ELAN SOLLTEST DU DIR FÜR DAS MONSTER AUFSPAREN, MEINST DU NICHT?
DANN KÜMMER DU DICH DARUM, FAUST. SONST HETZE ICH DIR NOCH VOR SONNENAUFGANG DIE TITANS AUF DEN HALS.
NICHT MEIN ZAUBER, NICHT MEIN MONSTER. UND UNSCHULDIGE LEBEN SCHEREN MICH SCHLICHT UND EINFACH NICHT.
HRRK
WEISS NICHT, FELIX. ICH GLAUBE, DAS BLATT WENDET SICH EIN WENIG, MEINST DU NICHT?
HM, SELBST WENN ICH DIE WETTE VERLIERE, WÄRE EIN SUPERMAN WENIGER EIN GUTER TROSTPREIS.

DER KLEINE IST ECHT ÜBERFORDERT.
MANCHE CHANCEN STEHEN SOGAR FÜR IHN NICHT GUT.
ICH WÜRDE AN DEINER STELLE AUF-GEBEN, JONNILEIN. DU HAST DAS MONSTER SAUER GEMACHT UND AB JETZT WIRD ES NUR SCHLIMMER.
DARUM SPIELE ICH SCHON LANGE NICHT MEHR NACH DEN REGELN.
... NAAA GUUT ... ICH GEB AUF!
SEHR GUT. KOMM ZU ATEM, KUMPEL.
ES WURDE GERADE GUT!
WÜRDE ICH DAS, HÄTTEN VIELE UNSCHULDIGE LEBEN IMMER NOCH KEINE CHANCE ... ZUMINDEST DIE, DIE ANDERE GERN VERGESSEN WÜRDEN.
SO EIN PECH, JONNILEIN.
NENN MICH NIC SO ...

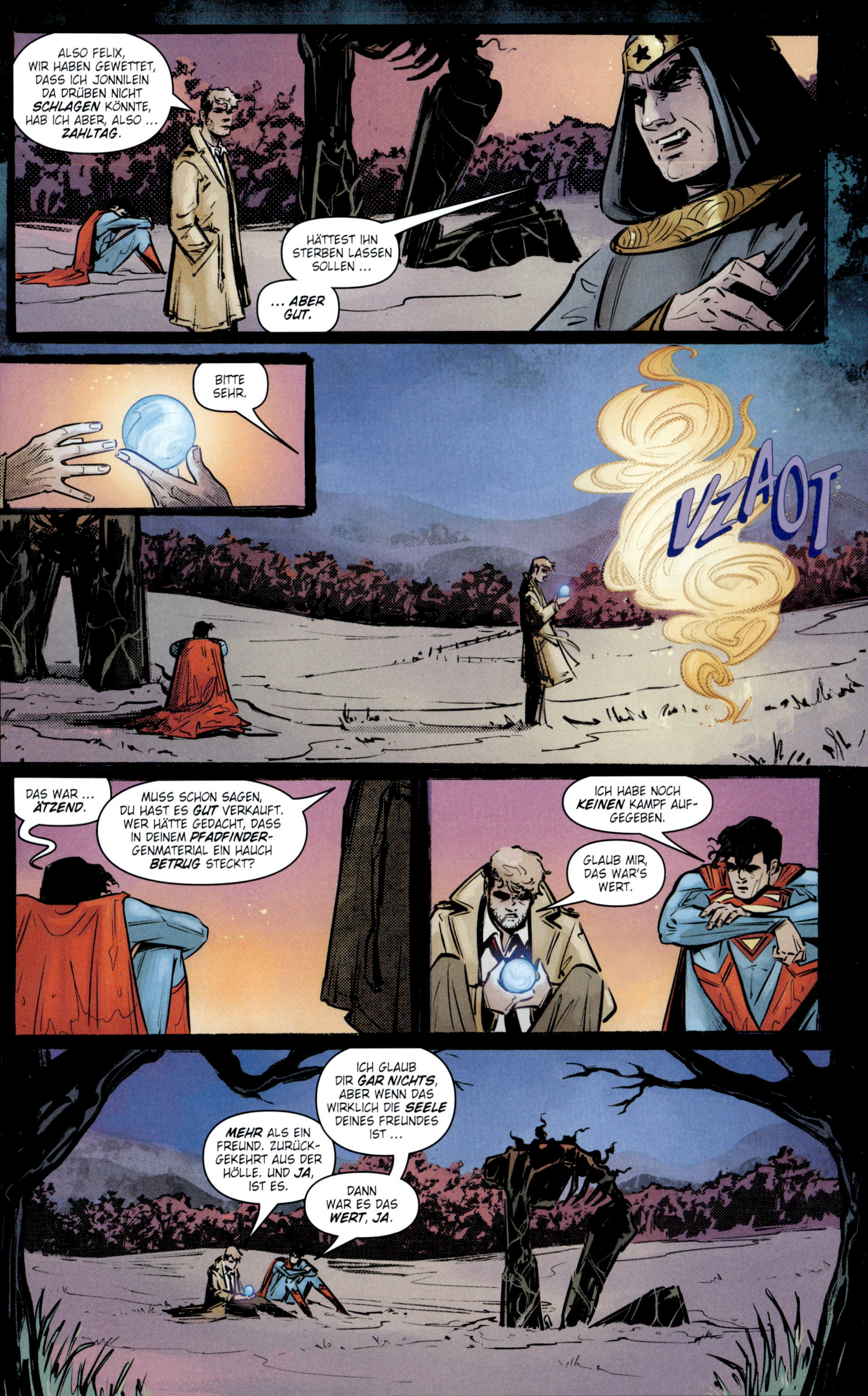
ALSO FELIX, WIR HABEN GEWETTET, DASS ICH JONNILEIN DA DRÜBEN NICHT SCHLAGEN KÖNNTE, HAB ICH ABER, ALSO ... ZAHLTAG.
HÄTTEST IHN STERBEN LASSEN SOLLEN ...
... ABER GUT.
BITTE SEHR.
VZAOT
DAS WAR ... ÄTZEND.
MUSS SCHON SAGEN, DU HAST ES GUT VERKAUFT. WER HÄTTE GEDACHT, DASS IN DEINEM PFADFINDER-GENMATERIAL EIN HAUCH BETRUG STECKT?
ICH HABE NOCH KEINEN KAMPF AUF-GEGEBEN.
GLAUB MIR, DAS WAR'S WERT.
ICH GLAUB DIR GAR NICHTS, ABER WENN DAS WIRKLICH DIE SEELE DEINES FREUNDES IST ...
MEHR ALS EIN FREUND. ZURÜCK-GEKEHRT AUS DER HÖLLE. UND JA, IST ES.
DANN WAR ES DAS WERT, JA.

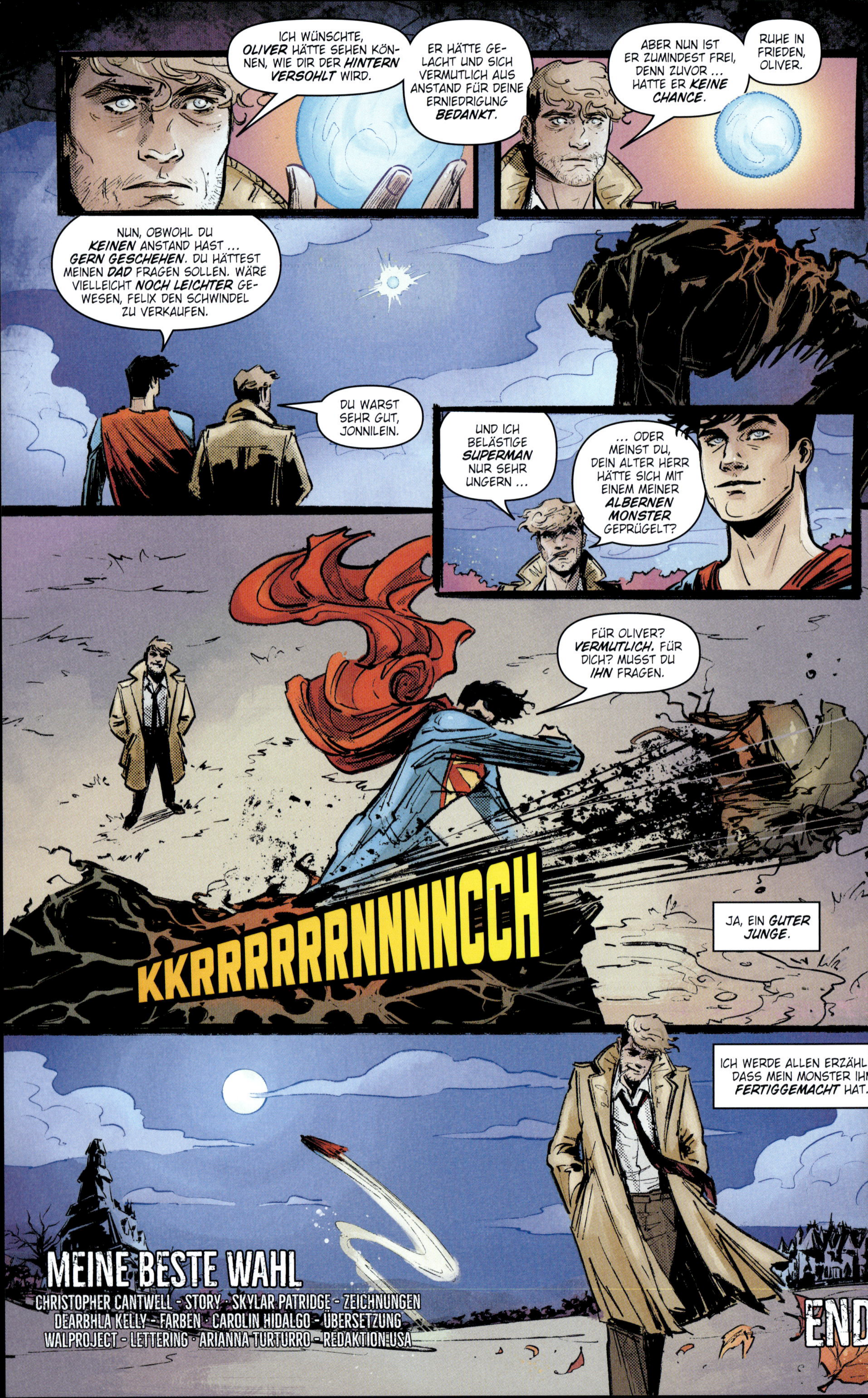

ICH WÜNSCHTE, OLIVER HÄTTE SEHEN KÖNNEN, WIE DIR DER HINTERN VERSOHLT WIRD.
ER HÄTTE GELACHT UND SICH VERMUTLICH AUS ANSTAND FÜR DEINE ERNIEDRIGUNG BEDANKT.
ABER NUN IST ER ZUMINDEST FREI, DENN ZUVOR ... HATTE ER KEINE CHANCE.
RUHE IN FRIEDEN, OLIVER.
NUN, OBWOHL DU KEINEN ANSTAND HAST ... GERN GESCHEHEN. DU HÄTTEST MEINEN DAD FRAGEN SOLLEN. WÄRE VIELLEICHT NOCH LEICHTER GEWESEN, FELIX DEN SCHWINDEL ZU VERKAUFEN.
DU WARST SEHR GUT, JONNILEIN.
UND ICH BELÄSTIGE SUPERMAN NUR SEHR UNGERN ...
... ODER MEINST DU, DEIN ALTER HERR HÄTTE SICH MIT EINEM MEINER ALBERNEN MONSTER GEPRÜGELT?
FÜR OLIVER? VERMUTLICH. FÜR DICH? MUSST DU IHN FRAGEN.
KKRRRRRRRNNNNNCCH
JA, EIN GUTER JUNGE.
ICH WERDE ALLEN ERZÄHL DASS MEIN MONSTER IH FERTIGGEMACHT HAT.
MEINE BESTE WAHL
CHRISTOPHER CANTWELL - STORY · SKYLAR PATRIDGE - ZEICHNUNGEN
DEARBHLA KELLY - FARBEN · CAROLIN HIDALGO - ÜBERSETZUNG
WALPROJECT - LETTERING · ARIANNA TURTURRO - REDAKTION USA
END

DC PRIDE 2024 #1
Cover von KEVIN WADA

DC PRIDE 2024 #1
Variant-Cover von BABS TARR

IRGENDWO IN DER WÜSTE VON NEVADA
DINER EAT
DINER
HEY.
JEMAND HAT EINE FRAGE AN STARMAN.
WENN ES EINE MUSIKSEITE IST, HABEN WIR FUNKSTILLE. DAS ALBUM IST FERTIG, WENN ES FERTIG IST.
WANN IMMER DAS SEIN WIRD.
DAS IST AUF SOCIAL MEDIA, EIN FAN ... VON DEN NEUEN FANS.
OKAY.
WIRD DIR NICHT GEFALLEN, MIKEY.
"@BLUESTARMAN76 ... BIST DU BISEXUELL ODER PANSEXUELL? ODER BIST DU OMNI?" UND DANN FOLGEN EIN PAAR ANTWORTEN, DIE KLINGEN, ALS WÜRDEST DU EINE SEITE WÄHLEN ...
...
WARUM VERTRAGEN WIR UNS NICHT EINFACH ALLE?
„HALLO, STERNENMANN"
AL EWING Story
STEPHEN BYRNE Zeichnungen
CAROLIN HIDALGO Übersetzung
WALPROJECT Lettering
CHRIS CONROY Redaktion USA

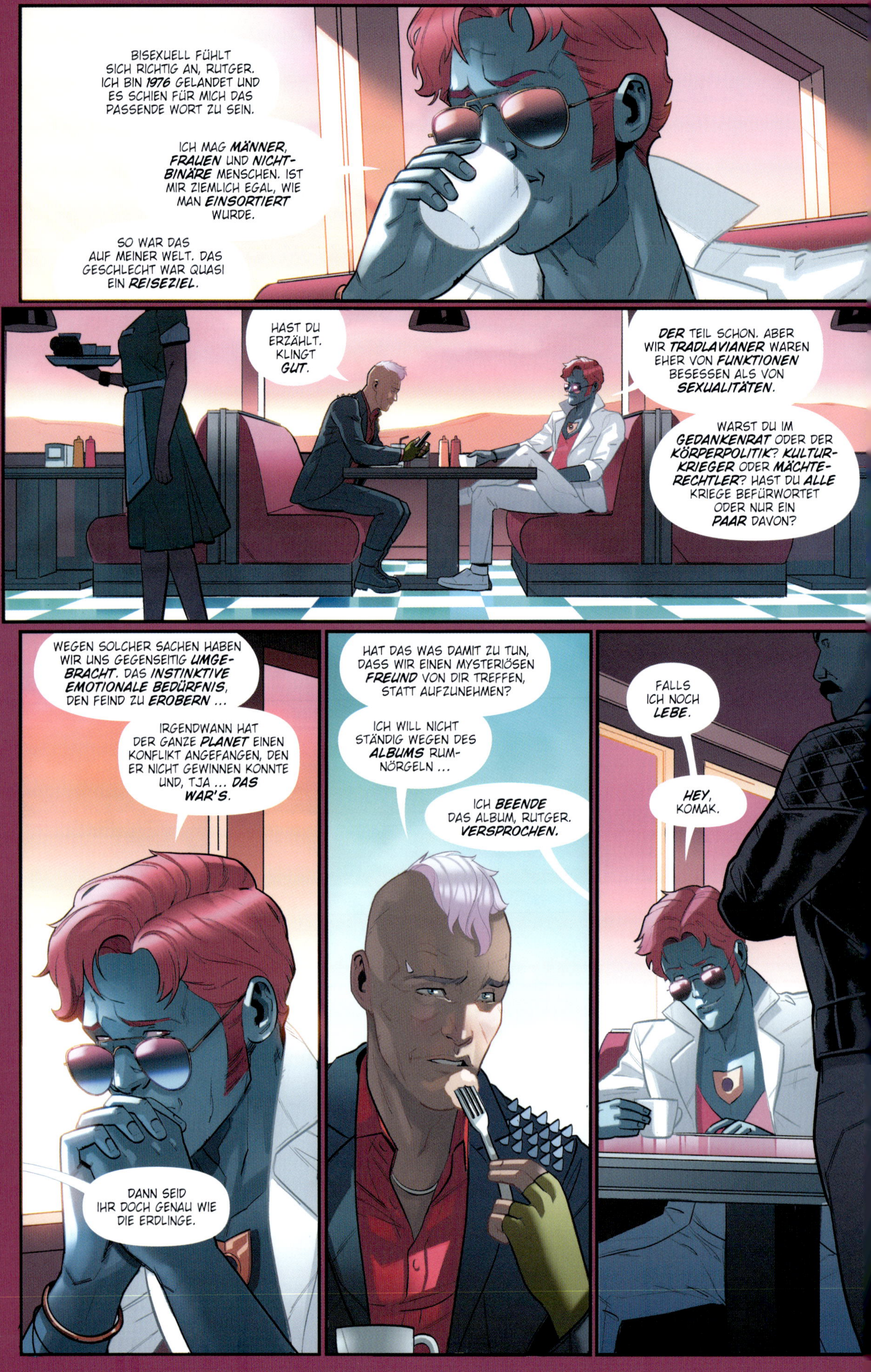
BISEXUELL FÜHLT SICH RICHTIG AN, RUTGER. ICH BIN 1976 GELANDET UND ES SCHIEN FÜR MICH DAS PASSENDE WORT ZU SEIN.
ICH MAG MÄNNER, FRAUEN UND NICHT-BINÄRE MENSCHEN. IST MIR ZIEMLICH EGAL, WIE MAN EINSORTIERT WURDE.
SO WAR DAS AUF MEINER WELT. DAS GESCHLECHT WAR QUASI EIN REISEZIEL.
HAST DU ERZÄHLT. KLINGT GUT.
DER TEIL SCHON. ABER WIR TRADLAVIANER WAREN EHER VON FUNKTIONEN BESESSEN ALS VON SEXUALITÄTEN.
WARST DU IM GEDANKENRAT ODER DER KÖRPERPOLITIK? KULTUR-KRIEGER ODER MÄCHTE-RECHTLER? HAST DU ALLE KRIEGE BEFÜRWORTET ODER NUR EIN PAAR DAVON?
WEGEN SOLCHER SACHEN HABEN WIR UNS GEGENSEITIG UMGE-BRACHT. DAS INSTINKTIVE EMOTIONALE BEDÜRFNIS, DEN FEIND ZU EROBERN ...
IRGENDWANN HAT DER GANZE PLANET EINEN KONFLIKT ANGEFANGEN, DEN ER NICHT GEWINNEN KONNTE UND, TJA ... DAS WAR'S.
DANN SEID IHR DOCH GENAU WIE DIE ERDLINGE.
HAT DAS WAS DAMIT ZU TUN, DASS WIR EINEN MYSTERIÖSEN FREUND VON DIR TREFFEN, STATT AUFZUNEHMEN?
ICH WILL NICHT STÄNDIG WEGEN DES ALBUMS RUM-NÖRGELN ...
ICH BEENDE DAS ALBUM, RUTGER. VERSPROCHEN.
FALLS ICH NOCH LEBE.
HEY, KOMAK.

$4.99
MIKAAL. DANKE FÜR DIESES TREFFEN.
ICH BIN GANZ KLAR NICHT TOT.
WOLLTE GERADE FRAGEN.
MOMENT. DEINE HAUT ... DU BIST WIE MIKE?
GLEICHES VOLK, ABER WÜRDE NICHT SAGEN, DASS WIR UNS ÄHNLICH SIND. ZUMINDEST NICHT IN UNSERER WELT-ANSCHAUUNG.
NICHT, SEIT ICH VERSUCHT HABE, DIE ERDE ZU EROBERN ...
SODA
WAS ...?
DU MUSST RUTGER SEIN.
DIE PRODUKTION VON BLUE LIKE YOU HAT MIR WIRKLICH GUT GEFALLEN. DER TEIL, WENN DAS ORCHESTER EINSTEIGT, IST GENIAL.

ÄH ... OKAY. MIKE FINDET ES ZU VIEL, ZU SEHR 90ER.
AHA. NOCH EIN GRUND ZU KÄMPFEN.
WOBEI UNSER LETZTER KAMPF BIS ZUM TOD MISSLUNGEN IST, WIE MAN SIEHT.
EUER LETZTER WAS ...?
MACH RUTGER KEINE ANGST, K. ER IST MEIN FREUND.
SORRY. IST SO 'NE ALIEN-SACHE, DIE WIR TRADLAVIANER GEMEINSAM HABEN.
DER DRANG, EINANDER ZU EROBERN.
WIR BEKÄMPFEN EINANDER IMMER MAL WIEDER AUF GEISTIGER EBENE. BEIM ERSTEN MAL DACHTE ICH, ES WÄRE BIS ZUM ENDE, ABER ... NA JA, KÖRPER SIND ZIEMLICH ZÄH.
IST WOHL BESSER SO. WIR SIND DIE LETZTEN ZWEI ... ES WÄRE SCHADE, ALLEIN ZU SEIN.
WIR ZÖGERN ES TROTZDEM NUR HINAUS. DIE GEFAHR BESTEHT, DASS WIR ES EINES TAGES ÜBERTREIBEN.
IST DIESER TAG HEUTE, KOMAK ...?

NEIN. NOCH NICHT.
HEUTE ...
„... BRAUCHE ICH DEINE HILFE."
KOMMT RUTGER KLAR? FALLS WIR NICHT ZURÜCKKOMMEN SOLLTEN, MEINE ICH.
ER WIRD ES DER MUSIKPRESSE MELDEN UND EINE EP STATT EINEM GANZEN ALBUM RAUSBRINGEN. VERKAUFT SICH VERMUTLICH SOGAR BESSER.
MAN
ICH MEINE NICHT FINANZIELL. ER IST DEIN FREUND.
FRÜHER SOGAR MEHR ALS DAS. HEUTE AUCH NOCH, WENN WIR IN DER STIMMUNG SIND.
BIN SCHON ÖFTER VERSCHWUNDEN. ER WIRD'S VERSTEHEN.
WIE DU MEINST.
„FREUND". „LIEBHABER". „FEIND". ES GIBT AUF DER ERDE KEIN WORT FÜR DAS HIER, ODER?
DAFÜR, WAS WIR SIND.
MUSS ES DENN EINS GEBEN?
ERZÄHL MIR VON DIESER BIOWAFFE.

DAS MEISTE WIRST DU DIR DENKEN KÖNNEN.
ES IST EINER DIESER **PLANETENKILLER**, DIE WIR AUF DER ERDE AUSGESÄT HABEN, ALS DER GEDANKENRAT-- ALS ES IHN NOCH **GAB**-- SIE EROBERN WOLLTE ...
ER MUSS SICH IRGENDWIE **AKTIVIERT** HABEN.
HAT ER EINEN NAMEN?
WAFFE K-ALPHA-544.
ABER DU KENNST MICH JA, MIKAAL. ICH BIN KEIN MUSIKER WIE **DU**, ABER POETISCH VERANLAGT.
ICH NENNE SIE
SCHREISAAT.

BEEINDRUCKEND.
SIE IST EINE BEEINDRUCKENDE WAFFE. SIE ÜBERLEBT MIT SONNENLICHT, ERNÄHRT SICH ABER AUCH VOM KLANG EINER BESTIMMTEN FREQUENZ ... SPEZIELL DER DES MENSCHLICHEN SCHREIS.
HIER IN DER PAMPA KOMMT SIE MIT DEM KRÄCHZEN VON GEIERN UND DEM QUIEKEN VON WÜSTENRATTEN ÜBER DIE RUNDEN.
ABER KRIEGT SIE EINEN SCHREI, LEGT SIE SO RICHTIG LOS. EXPONENTIELLES WACHSTUM IN UNVORSTELLBAREM TEMPO ...
NICHT SCHREIEN. KLAR.
SO LEBT SIE. UND WIE STIRBT SIE?
WIR VERGIFTEN SIE.
DU HAST DEN SCHALLKRISTALL UND DIE MUSIK. UND ICH HAB DAS HIER.
EIN LINSENHANDSCHUH?
HALBFESTES LICHT. EIN LANTERN-RING FÜR ARME, ABER GIFTIG FÜR DIE SOLARREZEPTOREN, WENN DIE SONNE UNTERGEGANGEN IST.
BEREIT FÜR DEINEN AUFTRITT, STARMAN?
DISCO.

...
UND WIE WAR'S FÜR DICH?
DIE SCHREISAAT SCHLÄFT. DER JOB IST ERLEDIGT. DANKE, MIKAAL.
MIR ZU VERTRAUEN, WAR SICHER NICHT LEICHT.
WER SAGT, DASS ICH DIR VERTRAUE?
EIN PLANETENVERNICHTER MITTEN IM NIRGENDWO ... WEIT WEG VON MENSCHEN. GENAU DORT, WO DER GEDANKENRAT SIE NIE GESÄT HÄTTE.
GEFÄHRLICH GENUG, UM DAS BLUT ZU ERHITZEN ... ABER ÄUS-SERST BESIEGBAR.
WARUM HABE ICH DAS GEFÜHL, DASS SICH DIESE WAFFE NICHT VON SELBST AKTIVIERT HAT?
MIKAAL ...
ICH BIN WEDER TOT NOCH VER-LETZT. ALSO WAR ES KEINE FALLE.
WARUM, KOMAK?
WARUM DIE SAAT SÄHEN?
WOZU DER GANZE AUF-WAND?

DAS IST ETWAS PEINLICH.
LASS DIR ZEIT.
WIR HABEN OFT GEKÄMPFT, MIKAAL.
ICH, DER LETZTE DES GEDANKENRATS ... DU, DER STARMAN. DIE LETZTEN UNSERER ART ... AUS ZWEI VERSCHIEDENEN LAGERN.
UND ES WAR GUT. DER KICK ... DIE LEIDENSCHAFT. ES IST IMMER GUT.
ABER DANN FRAGTE ICH MICH ...
WIE WÜRDE ES SICH ANFÜHLEN? DEN FEIND ZU BEKÄMPFEN. ALLES ZU RISKIEREN.
WIE WÜRDE ES SICH ANFÜHLEN, NICHT GEGEN DICH ... SONDERN MIT DIR ZU KÄMPFEN?
WÄRE DAS AUCH GUT?
ODER BESSER?
...
UND WIE WAR'S FÜR DICH?

DISCO.
ENDE

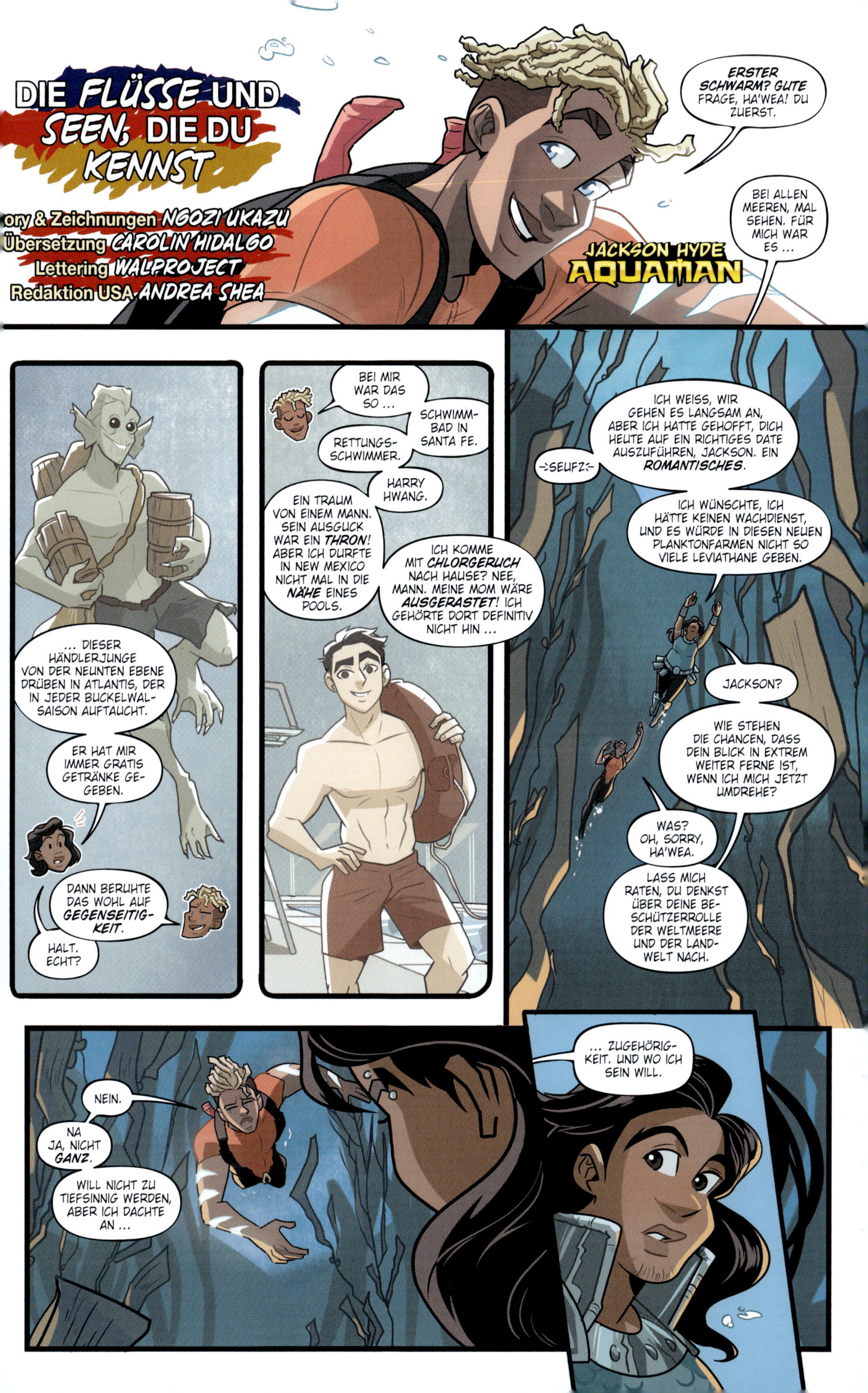

DIE FLÜSSE UND SEEN, DIE DU KENNST
ory & Zeichnungen NGOZI UKAZU
Übersetzung CAROLIN HIDALGO
Lettering WALPROJECT
Redaktion USA ANDREA SHEA
ERSTER SCHWARM? GUTE FRAGE, HA'WEA! DU ZUERST.
BEI ALLEN MEEREN, MAL SEHEN. FÜR MICH WAR ES …
JACKSON HYDE AQUAMAN
… DIESER HÄNDLERJUNGE VON DER NEUNTEN EBENE DRÜBEN IN ATLANTIS, DER IN JEDER BUCKELWAL-SAISON AUFTAUCHT.
ER HAT MIR IMMER GRATIS GETRÄNKE GE-GEBEN.
DANN BERUHTE DAS WOHL AUF GEGENSEITIG-KEIT.
HALT. ECHT?
BEI MIR WAR DAS SO …
SCHWIMM-BAD IN SANTA FE.
RETTUNGS-SCHWIMMER.
HARRY HWANG.
EIN TRAUM VON EINEM MANN. SEIN AUSGUCK WAR EIN THRON! ABER ICH DURFTE IN NEW MEXICO NICHT MAL IN DIE NÄHE EINES POOLS.
ICH KOMME MIT CHLORGERUCH NACH HAUSE? NEE, MANN. MEINE MOM WÄRE AUSGERASTET! ICH GEHÖRTE DORT DEFINITIV NICHT HIN …
-SEUFZ-
ICH WEISS, WIR GEHEN ES LANGSAM AN, ABER ICH HATTE GEHOFFT, DICH HEUTE AUF EIN RICHTIGES DATE AUSZUFÜHREN, JACKSON. EIN ROMANTISCHES.
ICH WÜNSCHTE, ICH HÄTTE KEINEN WACHDIENST, UND ES WÜRDE IN DIESEN NEUEN PLANKTONFARMEN NICHT SO VIELE LEVIATHANE GEBEN.
JACKSON?
WIE STEHEN DIE CHANCEN, DASS DEIN BLICK IN EXTREM WEITER FERNE IST, WENN ICH MICH JETZT UMDREHE?
WAS? OH, SORRY, HA'WEA.
LASS MICH RATEN, DU DENKST ÜBER DEINE BE-SCHÜTZERROLLE DER WELTMEERE UND DER LAND-WELT NACH.
NEIN.
NA JA, NICHT GANZ.
WILL NICHT ZU TIEFSINNIG WERDEN, ABER ICH DACHTE AN …
… ZUGEHÖRIG-KEIT. UND WO ICH SEIN WILL.

SOLL HEISSEN ... GEHÖRE ICH NACH AMNESTY BAY? ODER IST MEIN PLATZ IN ATLANTIS ... ODER HIER IN XEBEL?
UND GEHÖRT DIE ROLLE AQUAMANS ZU MIR?
KANN SIE DURCH MEINE VERBINDUNG ZU BLACK MANTA JE ZU MIR GEHÖREN? DIE MEISTEN HELDEN HABEN KEINEN SKRUPELLOSEN MÖRDER ALS VATER ...
WIE GESAGT, WILL NICHT ZU TIEFSINNIG WERDEN, ABER ... WOHIN GEHÖREN QUEERE LEUTE ÜBERHAUPT IM OZEAN?
WIE IST DAS SCHWULEN-NACHTLEBEN IN XEBEL?
KEINE AHNUNG, JACKSON. ICH HAB IMMER WACHE.
ERSTENS: MAG ICH, DASS DU TIEFGRÜNDIGER BIST ALS DER MARIANNEN-GRABEN.
ZWEITENS: ICH GLAUBE, DU GEHÖRST DORTHIN, WO DU DICH WIE DU FÜHLST.
DRITTENS--
OH, OH. WURM-ALARM.
WURM-ALARM?
WURMALARM! LEVIATHAN!
OOOOH. WURM-ALARM!
THUNK!
JACKSON!
HA'WEA!

WAS?! HAB NUR SEINEN ARMREIF!
DIESES VIEH IST ZU SCHNELL UND ZU STARK!
DAS WASSER ÄNDERT SICH ... IST DAS SONNEN-LICHT?
MOMENT. HAT MICH EIN MEERESMONSTER GETÖTET UND DAS IST DER HIMMEL?
WIE SOLL DAS BITTE ZU AQUAMAN PASSEN?
ODER PASST DAS GERADE?
VVUUP VUUP
WHOA.
WO BIN ICH?
VON ALLEN WESEN, DIE MIR DAS MEER BRINGEN KÖNNTE ...

... IST ES NATÜRLICH EIN AQUAMAN.
DER ORION, ODER? NATÜRLICH WEISS ICH VON DIR ...
ORION!
"... BIN NUR ÜBERRASCHT, DASS DU MICH KENNST!"
ARTHUR HAT MIR ALLES ÜBER DIE MACHENSCHAFTEN DER LIGA AUF APOKOLIPS ERZÄHLT, ABER KEINE KRIEGSGE-SCHICHTEN ÜBER NEW GENESIS.
UND DABEI WILL ICH ES BELASSEN, JUNGER JACKSON HYDE.
DARUM WACH ICH JETZT ÜBER DAS HIMMLISCHE MEER.
WIR KENNEN DIE KREATUREN, DENEN DU BEGEGNET BIST, JACKSON HYDE, ABER IN LETZTER ZEIT SIND SIE SEHR AGGRESSIV.
IRGENDETWAS HAT IHRE BRUTPLÄTZE GESTÖRT UND NUN BENUTZEN SIE WILD IHRE INTERDIMENSIONALEN KRÄFTE.
DU BIST DER ERSTE FREMDE, DER HIER AUFTAUCHT, ABER SICHER FOLGEN BALD MEHR. DAS BRINGT NEW GENESIS IN GROSSE GEFAHR. VOR ALLEM, WENN APOKOLIPS' ARMEEN VON DIESER SCHWÄCHE ERFAHREN.
ping ping ping ping
HEY, MANN, DAS KLINGT NACH EINEM RIESENPROBLEM, ABER, ÄH, ICH SAG'S NUR UNGERN ...

... DAS SCHEINT AUSSER DIR NIEMANDEN ZU KÜMMERN. WAS FEIERN DIE DENN ALLE?
-SEUFZ-
NEW GENESIS IST EIN ORT DER KUNST UND DES WISSENS. ABER VOR ALLEM EIN ORT DER *LIEBE* ...
... IN ALL IHREN FORMEN. DAVON WISSEN DIE SCHURKEN VON APOKOLIPS *NICHTS*, ALSO FEIERN WIR DAS BESONDERS OFT.
KEIN SCHERZ. DAS IST DAS ZWÖLFTE LIEBESFESTIVAL DIESE SAISON.
OH WOW.
DU SCHEINST WENIG BEGEISTERT.
HAH! EIN FESTIVAL DER LIEBE IST NICHTS FÜR EINEN KRIEGER WIE MICH.
MEIN HERZ LIEBT NUR DEN KAMPF.
HALT, WAS? LIEBT NUR DEN KAMPF?
BUCHSTÄBLICH? IST DAS SO EIN EDLER-KOSMISCHER-PRINZ-DING? ODER EINE NEUE SEXUALITÄT?
WIE SAPIOSEXUELL? IST ER KAMPFSEXUELL? HEISST DAS, ER IST AROMANTISCH? ASEXUELL? ACH, EGAL. DAS GEHT MICH NICHTS AN!
COOL!
NOCH EINE FRAGE, DA ICH SCHON HIER BIN ...
VON EINEM MIT EINEM *OBERBÖSEN VATER* ZUM ANDEREN ...
JEDER WEISS, DASS DU VON *APOKOLIPS* UND NICHT VON NEW GENESIS BIST. FÜHLST DU DICH HIER ZUGEHÖRIG?
...

„DU MEINST UNTER DIESEN LIEBENDEN?
„NEW GENESIS IST MIR LIEB UND TEUER. ES IST MEINE HEIMAT. ABER NUR, WEIL ICH ***ENTSCHIEDEN HABE***, HIER NACH MIR ZU SUCHEN. UND DIESE SUCHE WAR SCHWER.
„AM ENDE HAT WOHL NEW GENESIS ***MICH*** GEFUNDEN."
DU WIRST ÜBERALL IM KOSMOS TEILE VON DIR SELBST FINDEN, JACKSON HYDE. IN DEN WESEN, DIE DU TRIFFST, UND IN DEN VERBINDUNGEN, DIE DU EINGEHST.
NUN, VIELLEICHT FINDE ICH JEMANDEN IN DER STADT, DER WEISS, WARUM DIE LEVIATHANE VERRÜCKTSPIELEN.
OH.
GLEAM
NA KLAR.

PLANKTON-FARMEN?
DU HAST ES SELBST GESAGT! ETWAS STÖRT IHRE BRUTPLÄTZE ... XEBELS NEUE PLANKTONFARMEN SIND DER GRUND, WARUM DIE LEVIATHANE DURCHDREHEN!
UND WENN IHRE DIMENSIONSSPRUNGKRÄFTE MICH HERGEBRACHT HABEN, KANN ICH VIELLEICHT PER ANHALTER ZURÜCKKEHREN UND XEBEL WARNEN.
SPLOOSH
FALLS ICH ZURÜCKKEHREN KANN. DAS IST NICHT SICHER!
ping ping ping
MOTHERBOX SPRICHT! WIR MÜSSEN AUF SIE HÖREN! SIE SPÜRT, DASS SICH EINE DER BESTIEN NÄHERT!
HIER VERABSCHIEDE ICH MICH, AQUAMAN.
KEIN PROBLEM! ICH KOMME ZUM NÄCHSTEN LIEBESFESTIVAL WIEDER!
DU BIST HIER WILLKOMMEN.
VIELLEICHT SIND NICHT ALLE AQUAMEN SO NERVIG WIE ARTHUR CURRY.
ping ping ping
HEY ... DA NÄHERT SICH DEFINITIV ETWAS.

WURM-ALARM!
LOS JETZT, AQUAMAN!
OKAY, GROSSER! ICH WILL DIR NICHT WEH-TUN ...
... ABER NIMM MICH BITTE MIT.
DAS MEER VERÄNDERT SICH. DAS WASSER IST ANDERS.
ES KÖNNTE KLAPPEN.
DAS MUSS ES.
ICH MUSS ZURÜCKKEHREN. ICH MUSS NACH ...

... HAUSE!
JACKSON!
ENDLICH VERSTEH ICH, WARUM ARTHUR SO GERNE AUF RIESEN-SEEPFERDCHEN REITET!
JACKSON, WO WARST DU DENN?
SMEK
NEW GENESIS! WAR COOL! QUEERER, ALS MAN DENKT.
UND ICH HAB RAUSGEFUNDEN, WAS MIT DEN LEVIATHANEN LOS IST! BALD IST SCHLUSS MIT DEINEM PLANKTON-FARM-WACHDIENST.

HA'WEA … WÄRE ES KOMISCH, DICH MEINEN FESTEN FREUND ZU NENNEN? ICH HASSE LABELS, ABER …
JACKSON, MACHST DU MIR EINEN FREUND-ANTRAG? MIT MEINEM ARMREIF?
WAS? NEIN!
HÖR ZU, ICH HASSE LABELS WIRKLICH. UND ICH WILL NICHT FORMELL SEIN ODER SO. ALLES GANZ ENTSPANNT. KEIN STRESS.
MIR SIND LABELS EGAL. UND DU BIST SO ENTSPANNT. NIEMAND IST ENTSPANNTER ALS DU.
WOHER DIESER UMSCHWUNG, MEIN JETZT ROMANTISCHER FREUND?
ALS ICH AUF NEW GENESIS WAR, WEIT WEG VON ALLEM, WAS ICH JE EIN ZUHAUSE NENNEN WÜRDE, SIND MIR DEINE WORTE EINGEFALLEN.
„DU GEHÖRST DORTHIN, WO DU DICH WIE DU FÜHLST."
UND ICH FÜHLE MICH WIE ICH, WENN ICH BEI DIR BIN.
ENDE

A-TOWN SONNTAGABEND
A-TOWN BODEGA
WEISST DU, WIR SIND VIEL ZU SELTEN IN A-TOWN.
JAY NAKAMURA SUPERMANS FREUND
JON, HAST DU NICHT GESAGT, WIR WOLLEN NACH GEMWORLD?
MIGUEL ALIAS BUNKER BEIDER KUMPEL
UNTERWEGS IN A-TOWN
Story JARRETT WILLIAMS
Zeichnungen & Farben DJ KIRKLAND
Übersetzung CAROLIN HIDALGO
Lettering WALPROJECT
Redaktion USA MICHAEL McCALISTER
NICHT WIRKLICH. ICH SAGTE „GEHEIMTIPP".
JON KENT ALIAS SUPERMAN
IST GEMWORLD ÜBERHAUPT EIN ORT? ICH KENNE NIEMANDEN, DER SCHON MAL DA WAR.
ICH WAR DA NOCH NIE. DA MÜSSTEN WIR DR. FATE ODER EINEN HERREN DER ORDNUNG FRAGEN.
RAY ALIAS THE RAY DER NEUE IN DER GRUPPE
A-TOWN GAMES
BUY - SELL - TRADE
HERREN DER ORDNUNG? DR. FATE? WER IST DAS UND WARUM KLINGEN DIE „OP"?
Lord of Order
DOCTOR FATE
O.P.?
GAMER-SLANG. DAS HEISST „OVERPOWERED".
ZOCKST DU IRGENDWAS, RAY?
MEINE MOM UND ICH HABEN FRÜHER OFT BRETTSPIELE GESPIELT.

ICH WAR EINE ZU HAUSE UNTERRICHTETE NACHTEULE. VIDEOSPIELE WAREN TABU.
UND DA WAR MAL DIESER COMPUTER-SCHURKE, ABER DAS IST EINE LANGE GESCHICHTE.
AHA, EIN TABLETOP-KENNER. ICH MUSS DIR BEI GELEGENHEIT MAL BEASTLY BIOHAZARD ZEIGEN.
WAS IST DAS?
EIN RECHT ÜBERBEWERTETES KAMPFSPIEL.
HÖRT IHR MAL AUF, IHN ZU VERWIRREN?
OH WOW.
THEMENWECHSEL.
ICH HAB GELESEN, DU WARST IN DER JUSTICE LEAGUE AKTIV. IN DER KOMISCHEN MIT LOBO, WENN MEINE QUELLEN RECHT HABEN.
MEIN FREUND IST JOURNALIST. ICH MUSSTE IHN DAVON ABHALTEN, EIN INTERVIEW MIT TAUSEND FRAGEN FÜR DICH ZUSAMMENZUSTELLEN.
DANK MEINER JOURNALISTISCHEN SORGFALT IST THE TRUTH EINE BELIEBTE NACHRICHTENPLATTFORM.
HEUTE WIRD NICHT GEARBEITET. WIR BRAUCHEN ALLE EINE PAUSE.
AMEN.
...
DARUM WOLLTE ICH EUCH ALLE AUF DIESES FOOD FESTIVAL IN A-TOWN EINLADEN. HIER KÖNNEN WIR VOR DER NÄCHSTEN VERRÜCKTEN WOCHE ETWAS ENTSPANNEN.
ICH AUCH! ALSO HABEN WIR PRAKTISCH ALLE DEN GLEICHEN ALGORITHMUS.
AH, DAFÜR HAB ICH 'NE WERBUNG AUF VIEWTUBE GESEHEN.
TOLLE IDEE, BABE. ICH HAB SO HUNGER.
UND SCHAU, JON. HIER WAREN WIR MAL MIT GALAXY.
STIMMT, BEI UNSEREM DOPPELDATE VOR EIN PAAR MONATEN. DIE TAMARANISCHEN FUSION-ROLLEN WAREN DER HAMMER!
TAMARANEAN FUSION!!

WIR HABEN ECHT LANGE NICHTS MEHR VON TAYLOR UND KAT GEHÖRT.
JA, KAT MUSS ZIEMLICHEN SCHUL-STRESS GEHABT HABEN. WIR SOLLTEN UNS MAL WIEDER MELDEN.
ÄHHH. HALLO?
IHR ZWEI HABT GENAU HIER EINEN SINGLE-FREUND.
OH, SORRY.
HEY, ICH HAB EIN PAAR MAL VERSUCHT, DICH ZU VERKUPPELN, ABER DU BIST ZU PINGELIG.
DA HAST DU VÖLLIG RECHT.
DAS HAT GESESSEN.
ICH MEIN, DAS HIER WÜRDE ICH NICHT GLEICH JEDEM ZEIGEN.
VERSTEHE. HILFT DEFINITIV, DASS JON UND ICH BEIDE KRÄFTE HABEN.
UND DU BIST AUCH VERGEBEN. EIN INGENIEUR, ODER, RAY?
GUT RECHERCHIERT. XENOS UND ICH SIND SCHON EIN PAAR JAHRE ZUSAMMEN. WIR SIND GLÜCKLICH ... GLAUB ICH. ICH SCHON. ER IST ECHT TOLL.
WIE SÜSS!
UND HAST DU AKTUELL IRGEND-JEMANDEN IM BLICK, MIGUEL?
DIE FRAGE HAT'S IN SICH, ABER ICH BIN DARAUF VOR-BEREITET!

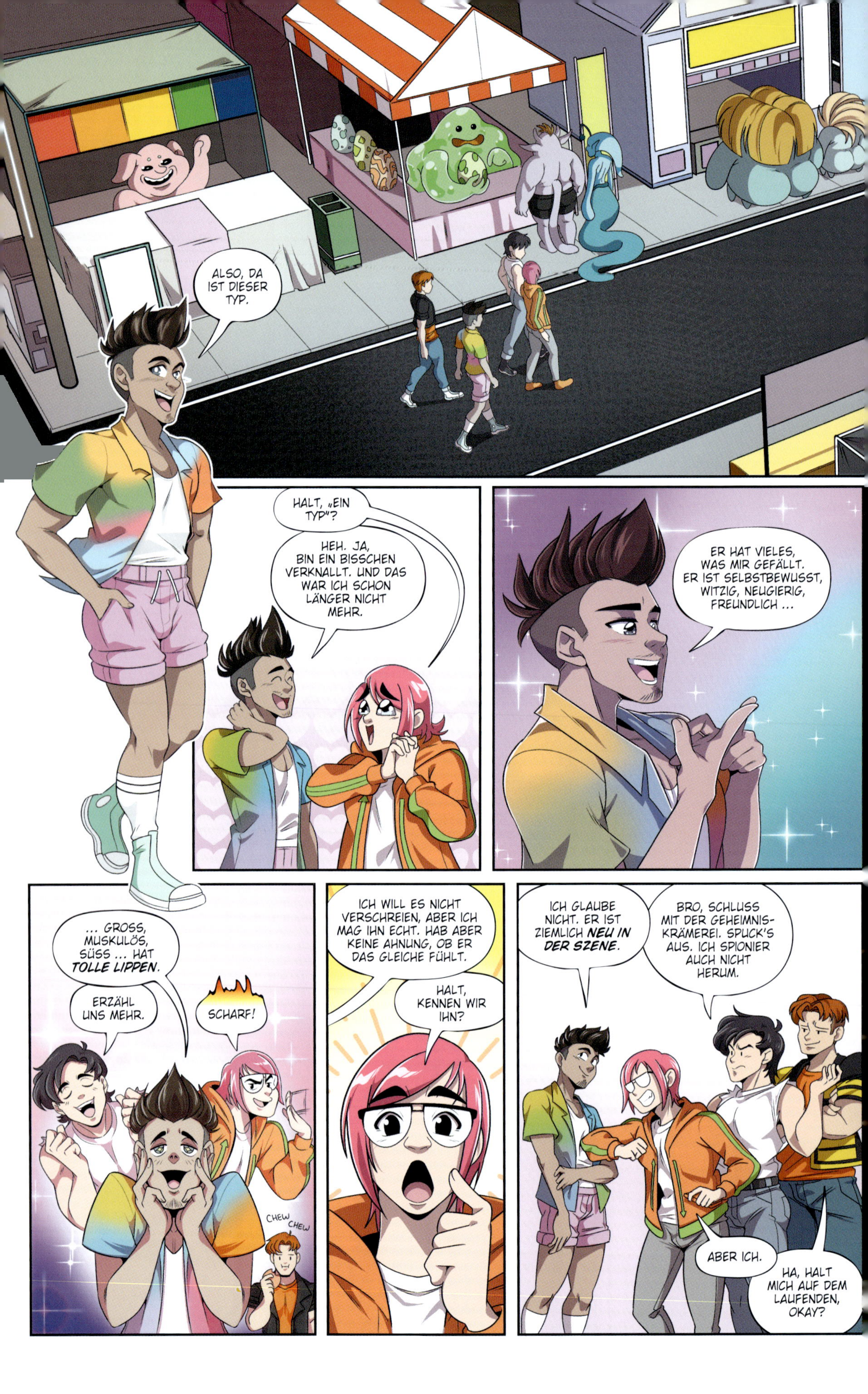
ALSO, DA IST DIESER TYP.
HALT, „EIN TYP"?
HEH. JA, BIN EIN BISSCHEN VERKNALLT. UND DAS WAR ICH SCHON LÄNGER NICHT MEHR.
ER HAT VIELES, WAS MIR GEFÄLLT. ER IST SELBSTBEWUSST, WITZIG, NEUGIERIG, FREUNDLICH …
… GROSS, MUSKULÖS, SÜSS … HAT **TOLLE LIPPEN**.
ERZÄHL UNS MEHR.
SCHARF!
CHEW CHEW
ICH WILL ES NICHT VERSCHREIEN, ABER ICH MAG IHN ECHT. HAB ABER KEINE AHNUNG, OB ER DAS GLEICHE FÜHLT.
HALT, KENNEN WIR IHN?
ICH GLAUBE NICHT. ER IST ZIEMLICH ***NEU IN DER SZENE***.
BRO, SCHLUSS MIT DER GEHEIMNIS-KRÄMEREI. SPUCK'S AUS. ICH SPIONIER AUCH NICHT HERUM.
ABER ICH.
HA, HALT MICH AUF DEM LAUFENDEN, OKAY?

ICH SAGE NUR: ER IST MÄNNLICH, SÜSS, GROSS. RIECHT AUCH TOTAL GUT! SOGAR, WENN ER VERSCHWITZT IST ...
BÄH. OKAY, DAS REICHT.
PFFT, ICH MAG SEINEN LEICHTEN NACH-SPORT-GERUCH.
ICH WILL DAS NICHT HÖREN!
IHR CLOWNS.
PUH.
REISS DICH ZUSAMMEN.
RAY, PROBIER DAS MAL!

DIES IST NUR EINE KLEINE KOSTPROBE UNSERES GESAMTEN ANGEBOTS. UNSER RESTAURANT ÖFFNET IN VIER WOCHEN GLEICH UM DIE ECKE.
DA KOMMEN WIR. DIE KONSISTENZ IST WIE EIN GEPUDERTER KLOSS.
OH MEIN GOTT.
$2.00 each!
SÜSSE WELTRAUMKLÖSSE
DAS IST SO LECKER! ♡ SCHMECKT NACH GEBUTTERTEN ERDBEEREN.
ICH WILL MEHR ALIEN-LECKERLIEN!
THANAGARISCHES DÖRRFLEISCH SOLL KRIEGERN GLÜCK AUF DEM SCHLACHTFELD BRINGEN.
DAS IST ECHT SCHARF. SUPER!
JAY, WENN DU DAS VERTRÄGST, BESORG ICH DIR WAS VON GREEN ARROWS CHILI.
SCHARFES THANAGARISCHES DÖRRFLEISCH
ICH MAG DEN RÄUCHERGESCHMACK. IST ABER SCHWER ZU KAUEN.
HÄTTE FAST 'NEN ZAHN VERLOREN.
HAHAHA! MENSCHEN.
KAU KAU
!
TAYLOR, KAT! LANG NI GESEHEN!

EUER STAND IST SO COOL.
DANKE! WIR HABEN DIE GANZE WOCHE DRAN GEBAUT.
KOMMT, ESST WAS!
GEHT ALLES AUFS HAUS.
DAS IST TRADITIONELLE **CYANDIIANISCHE KÜCHE**. IM PRINZIP UNSERE VERSION VON PENNE RUSTICA.
ICH HABE DIE SOSSE **ZWEI TAGE** KOCHEN LASSEN. UNSERE GANZE WOHNUNG RIECHT DANACH!
DIIAN EATS
UND DAS IST **SPEZIALGEBÄCK**, DAS ES SONST NUR AN FEIERTAGEN GIBT.
CYANDIIANISCHES SÜSSBROT
ICH WILL PROBIEREN!
LECKER! DAS ERINNERT MICH VOLL AN DIE **CONCHAS***, DIE WIR ALS KINDER IN EL CHALAR HATTEN.
OH, CONCHAS HATTE ICH AUCH MAL.
* MEXIKANISCHES SÜSSES BROT.
PASSEN GUT ZU MEXIKANISCHER COLA.
OH! HALLO, DU!

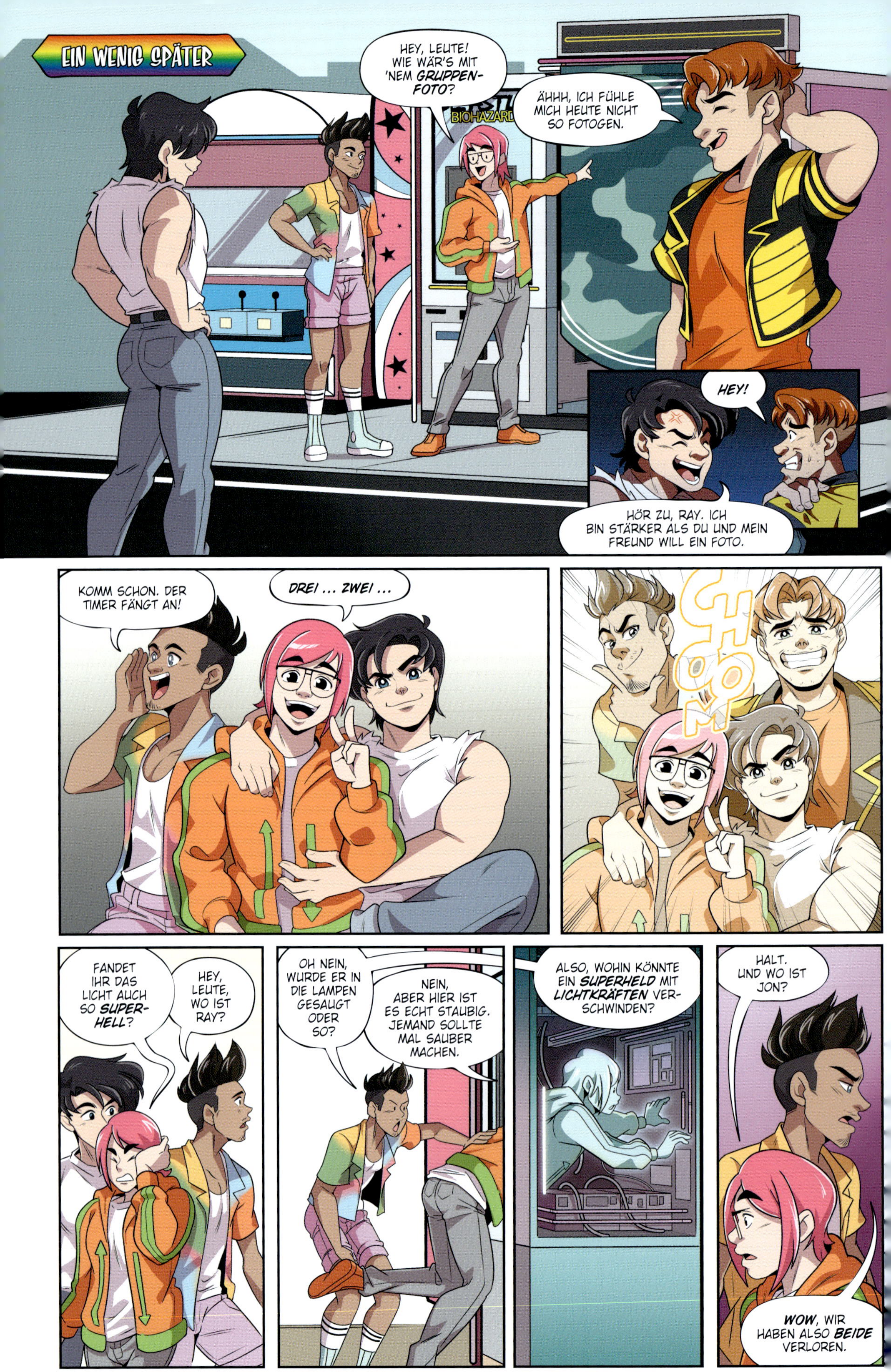
EIN WENIG SPÄTER
HEY, LEUTE! WIE WÄR'S MIT 'NEM GRUPPEN-FOTO?
ÄHHH, ICH FÜHLE MICH HEUTE NICHT SO FOTOGEN.
BIOHAZARD
HEY!
HÖR ZU, RAY. ICH BIN STÄRKER ALS DU UND MEIN FREUND WILL EIN FOTO.
KOMM SCHON. DER TIMER FÄNGT AN!
DREI ... ZWEI ...
CHOOM
FANDET IHR DAS LICHT AUCH SO SUPER-HELL?
HEY, LEUTE, WO IST RAY?
OH NEIN, WURDE ER IN DIE LAMPEN GESAUGT ODER SO?
NEIN, ABER HIER IST ES ECHT STAUBIG. JEMAND SOLLTE MAL SAUBER MACHEN.
ALSO, WOHIN KÖNNTE EIN SUPERHELD MIT LICHTKRÄFTEN VER-SCHWINDEN?
HALT. UND WO IST JON?
WOW, WIR HABEN ALSO BEIDE VERLOREN.

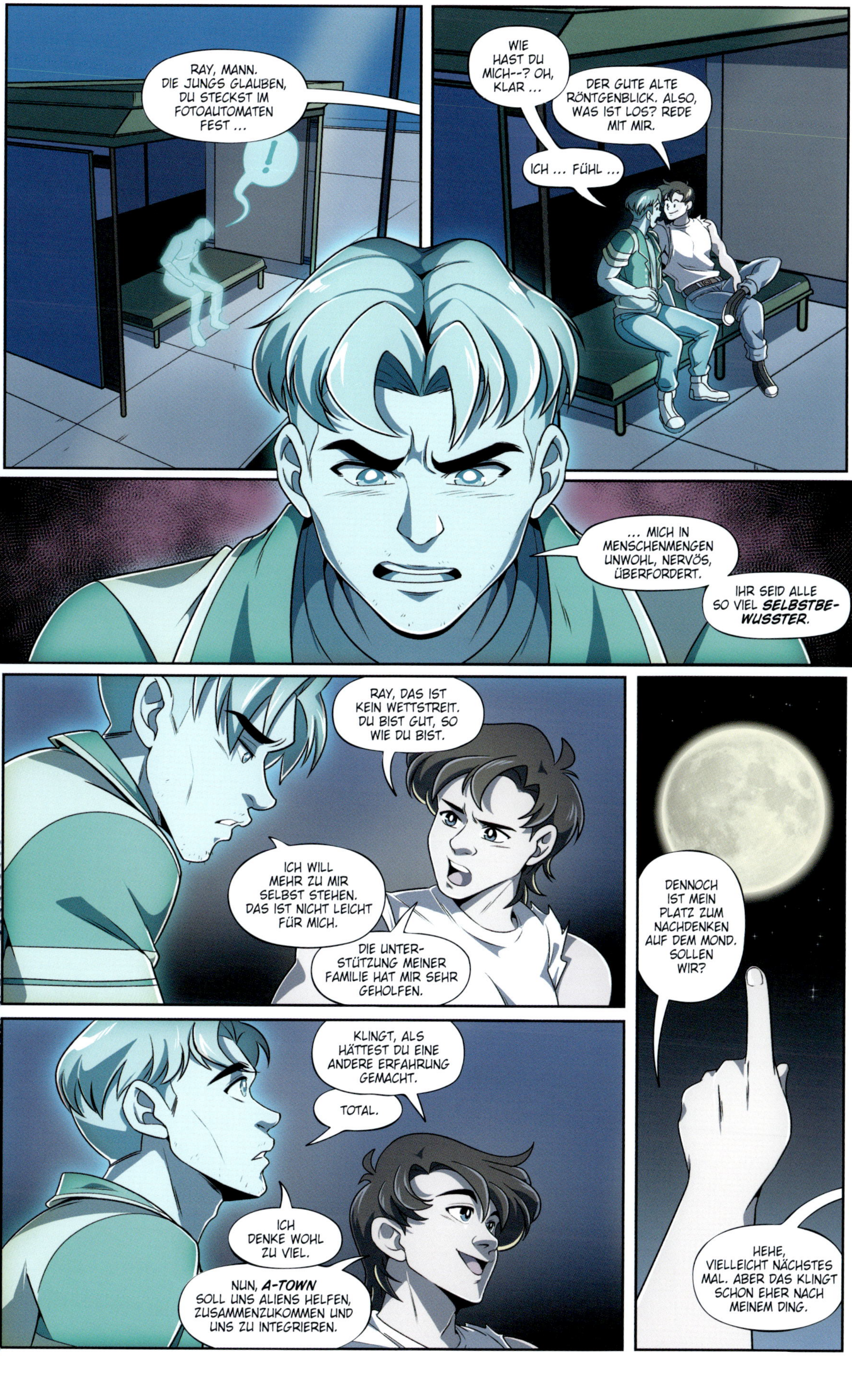
RAY, MANN. DIE JUNGS GLAUBEN, DU STECKST IM FOTOAUTOMATEN FEST ...
!
WIE HAST DU MICH--? OH, KLAR ...
DER GUTE ALTE RÖNTGENBLICK. ALSO, WAS IST LOS? REDE MIT MIR.
ICH ... FÜHL ...
... MICH IN MENSCHENMENGEN UNWOHL, NERVÖS, ÜBERFORDERT.
IHR SEID ALLE SO VIEL **SELBSTBEWUSSTER**.
RAY, DAS IST KEIN WETTSTREIT. DU BIST GUT, SO WIE DU BIST.
ICH WILL MEHR ZU MIR SELBST STEHEN. DAS IST NICHT LEICHT FÜR MICH.
DIE UNTERSTÜTZUNG MEINER FAMILIE HAT MIR SEHR GEHOLFEN.
KLINGT, ALS HÄTTEST DU EINE ANDERE ERFAHRUNG GEMACHT.
TOTAL.
ICH DENKE WOHL ZU VIEL.
NUN, ***A-TOWN*** SOLL UNS ALIENS HELFEN, ZUSAMMENZUKOMMEN UND UNS ZU INTEGRIEREN.
DENNOCH IST MEIN PLATZ ZUM NACHDENKEN AUF DEM MOND. SOLLEN WIR?
HEHE, VIELLEICHT NÄCHSTES MAL. ABER DAS KLINGT SCHON EHER NACH MEINEM DING.

RAY, DU KANNST DAS AUCH? ALLES OKAY?
JA, HAB NUR 'NE VERSCHNAUFPAUSE GEBRAUCHT. WOLLTE EUCH NICHT BE-UNRUHIGEN.
-UFF HUFF- OHNE KOSTÜM ZU LAUFEN, WAR MAL SO LEICHT. IST ALLES IN ORDNUNG?
JA, ABER LASST UNS IN DER WOHNUNG WEITERFEIERN.
SWOOSH!
WAS SIND WIR NICHT ALLE FOTOGEN.
MEHR SNACKS.
SUPER!
SORRY, LEUTE. WIR KÖNNEN NOCH EINS MACHEN.
NEE, ICH FIND'S ECHT WITZIG. JETZT AB IN DIE WOHNUNG UND WEITER-FUTTERN.
WEISS NICHT, WIE ICH DAS TOPPEN SOLL, WENN ICH DRAN BIN, WAS ZU PLANEN.
ACH WAS, KEINE SORGE. RAY, DU KOMMST DOCH MIT, ODER?
WIR KÖNNTEN IRGENDEIN BRETTSPIEL SPIELEN.
JA, DAS KLINGT PERFEKT. ABER NU WENN ICH NOCH WA VON DEM DÖRR-FLEISCH KRIEGE.

TRÄUME

Geschrieben von **Phil Jimenez**
Gezeichnet von **Giulio Macaione**

Übersetzung **Carolin Hidalgo**
Lettering **Walproject**
Redaktion USA **Andrea Shea**

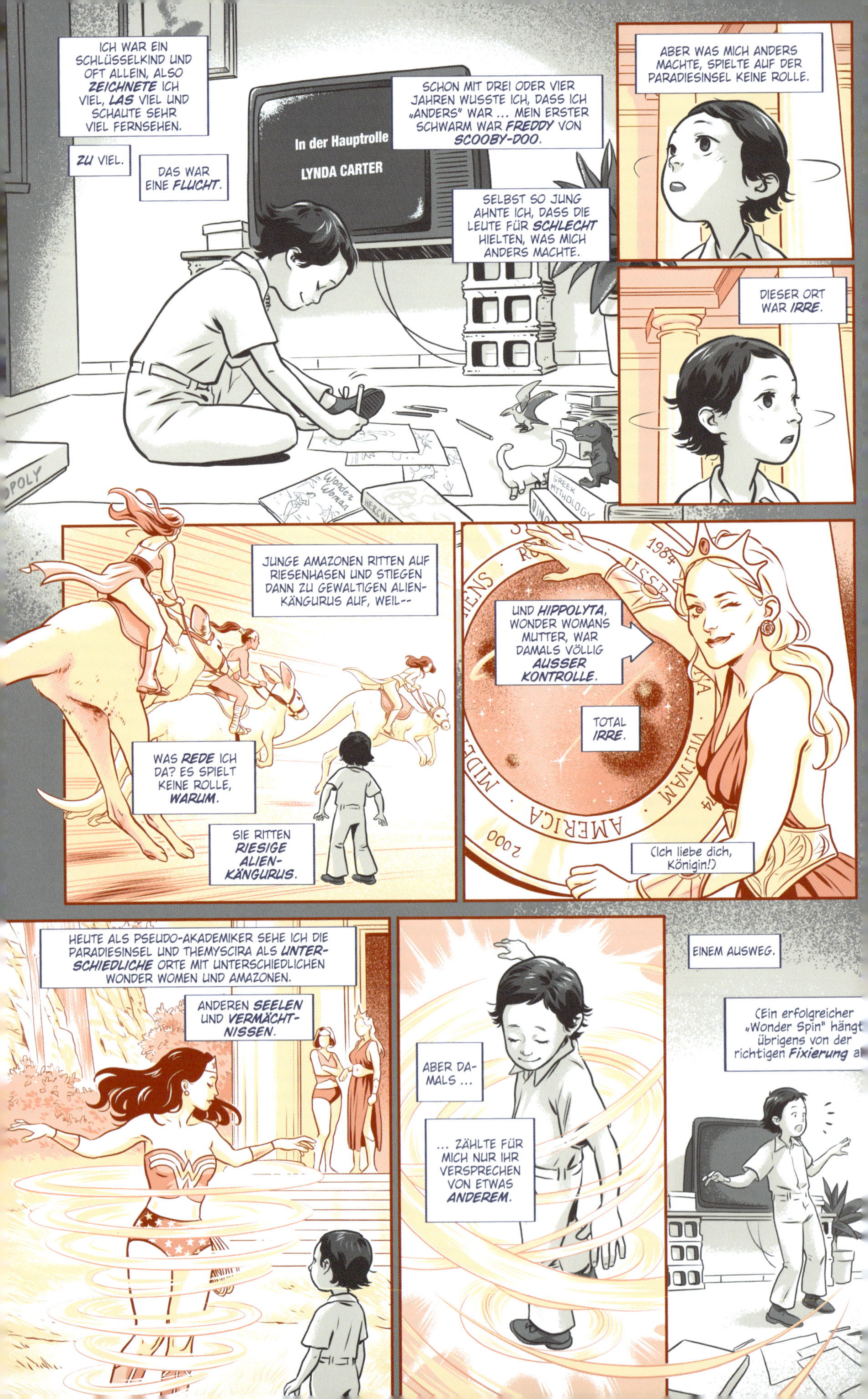
ICH WAR EIN SCHLÜSSELKIND UND OFT ALLEIN, ALSO ZEICHNETE ICH VIEL, LAS VIEL UND SCHAUTE SEHR VIEL FERNSEHEN.
ZU VIEL.
DAS WAR EINE FLUCHT.
In der Hauptrolle
LYNDA CARTER
SCHON MIT DREI ODER VIER JAHREN WUSSTE ICH, DASS ICH „ANDERS" WAR ... MEIN ERSTER SCHWARM WAR FREDDY VON SCOOBY-DOO.
SELBST SO JUNG AHNTE ICH, DASS DIE LEUTE FÜR SCHLECHT HIELTEN, WAS MICH ANDERS MACHTE.
Wonder Woman
GREEK MYTHOLOGY
ABER WAS MICH ANDERS MACHTE, SPIELTE AUF DER PARADIESINSEL KEINE ROLLE.
DIESER ORT WAR IRRE.
JUNGE AMAZONEN RITTEN AUF RIESENHASEN UND STIEGEN DANN ZU GEWALTIGEN ALIEN-KÄNGURUS AUF, WEIL--
WAS REDE ICH DA? ES SPIELT KEINE ROLLE, WARUM.
SIE RITTEN RIESIGE ALIEN-KÄNGURUS.
UND HIPPOLYTA, WONDER WOMANS MUTTER, WAR DAMALS VÖLLIG AUSSER KONTROLLE.
TOTAL IRRE.
(Ich liebe dich, Königin!)
HEUTE ALS PSEUDO-AKADEMIKER SEHE ICH DIE PARADIESINSEL UND THEMYSCIRA ALS UNTERSCHIEDLICHE ORTE MIT UNTERSCHIEDLICHEN WONDER WOMEN UND AMAZONEN.
ANDEREN SEELEN UND VERMÄCHTNISSEN.
ABER DAMALS ...
... ZÄHLTE FÜR MICH NUR IHR VERSPRECHEN VON ETWAS ANDEREM.
EINEM AUSWEG.
(Ein erfolgreicher „Wonder Spin" hängt übrigens von der richtigen Fixierung a

FANTASTISCHE ORTE FASZINIERTEN MICH SCHON IMMER.
MUSEEN UND THEMENPARKS, MITTELALTERMÄRKTE UND FILM-STUDIOS, STRASSENATTRAKTIONEN UND WILDTIERPARKS, SCHLÖSSER UND VILLEN UND AQUARIEN …
ALLES MIT LEBENS-GROSSEN MECHANISCHEN HAIEN ODER DINOSAURIERN …
DIE FERNEN WELTEN IN FILM UND FERNSEHEN UND COMICS …
JEDER ORT, DER MEIN SCHWULES KLEINES HIRN AUS DER GRAUEN REALITÄT RISS.
EIN GUTER FREUND SAGTE, SOLCHE ORTE WÜRDEN MICH WEGEN IHRER GESCHICHTEN ANZIEHEN, WAS AUCH STIMMT.
ABER ES STECKT NOCH MEHR DAHINTER.
ICH GLAUBE, ICH SUCHTE NACH ORTEN, WO MICH DAS, WAS MICH ANDERS MACHTE, DAZUGEHÖREN LIESS.
ICH DENKE OFT AN DIE QUEEREN MEN-SCHEN, DIE DIESE WELTEN ERSCHAFFEN HABEN. AN DIE MARSTON-DREI-ECKSBEZIEHUNG ZUM BEISPIEL. AN DIE RISIKEN, DIE SIE EINGINGEN, UND DIE TEILE IHRER SEELEN, DIE SIE IN DER PARADIESINSEL UND WONDER WOMAN ZURÜCKLIESSEN.
UND ICH DENKE AN ALL DIE WELTEN, DIE QUEERNESS AUSSTRAHLEN, OB DIE SCHÖPFER DAS BEAB-SICHTIGTEN ODER NICHT.
DIE, DIE MIR AM MEISTEN BEDEUTET, WAR DAS 30. JAHRHUNDERT VON LEVITZ UND GIFFENS LEGION OF SUPER-HEROES. EINE QUEERE ZUKUNFT, ERSCHAFFEN VON DEN WOHL AM WENIGSTEN QUEEREN MENSCHEN, DIE ICH KENNE.
SCHÖNE MÄNNER IN CAPES UND KORSETTS, DIE SICH „JUNGS“ UND „KERLE“ NANNTEN. UND KNALLHARTE, FURCHTLOSE FRAUEN, WAHRE AN-FÜHRERINNEN UND IMMER FÜR ANDERE DA, KÄMPFEN GEGEN ENTROPISCHE HERREN DER ZEIT UND SMARAGDGRÜNE IMPERATORINNEN IN EINEM KNALLHARTEN SCI-FI-UNIVERSUM, IN DEM ALL DIE BÖSEN VORURTEILE LÄNGST GESCHICHTE SIND …
… DENN SONST HÄTTE DIE MENSCHHEIT WEITERE TAUSEND JAHRE NICHT ÜBERLEBT.
(Gott, ich steh auf diesen Scheiß.)
KEINE AHNUNG, OB DAS SO GEDACHT WAR ODER NICHT. SPIELT DAS ÜBERHAUPT EINE ROLLE? ICH WEISS NUR, DASS ALL DIESE LEUTE, DIE FANTASTISCHE WELTEN ERSCHUFEN, DIE REALE WELT SICHERER FÜR MICH MACHTEN. GRÖSSER. UND MICH DAZU BRACHTEN, GENAU DAS GLEICHE ZU TUN.

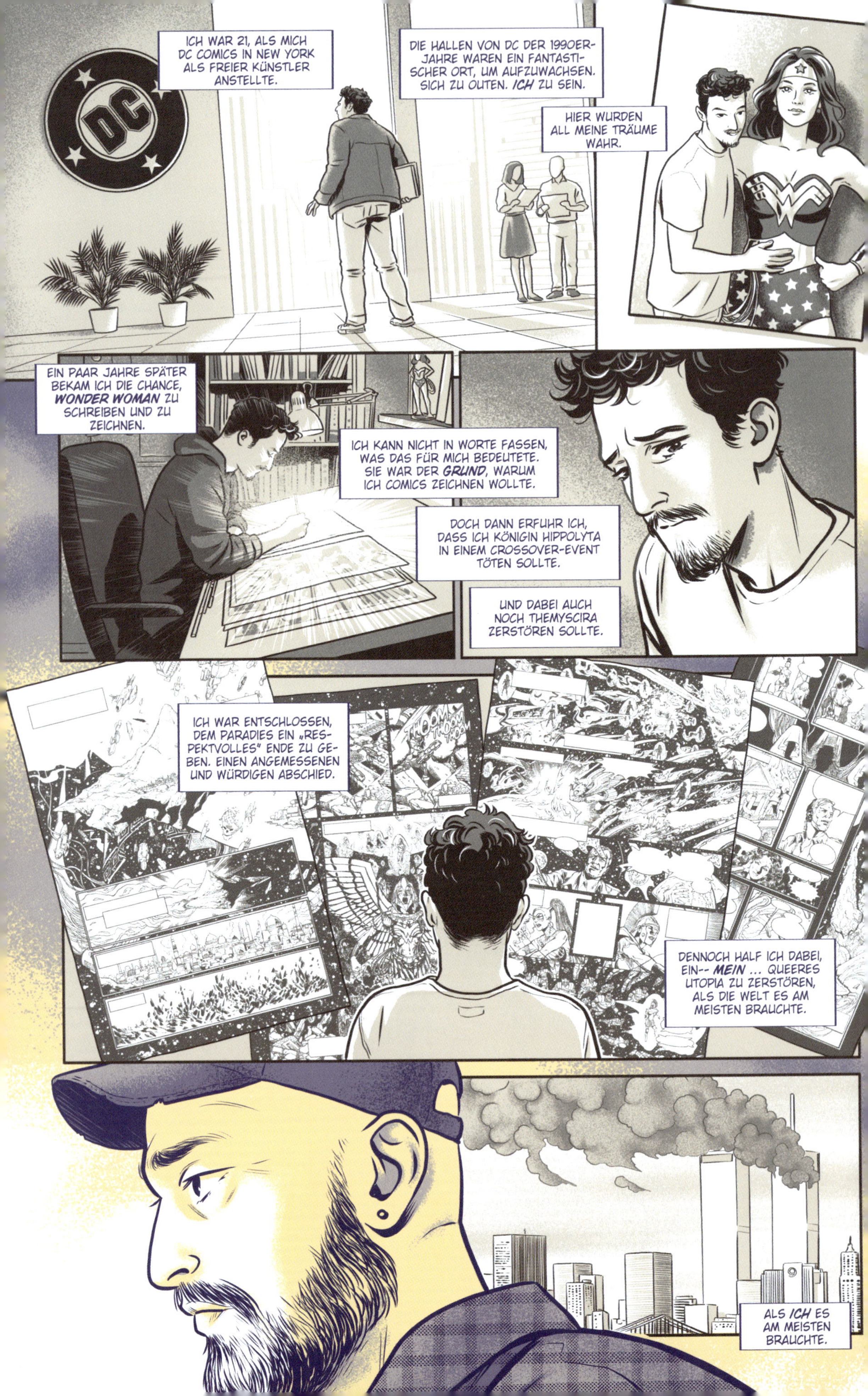
ICH WAR 21, ALS MICH DC COMICS IN NEW YORK ALS FREIER KÜNSTLER ANSTELLTE.
DIE HALLEN VON DC DER 1990ER-JAHRE WAREN EIN FANTASTISCHER ORT, UM AUFZUWACHSEN. SICH ZU OUTEN. *ICH* ZU SEIN.
HIER WURDEN ALL MEINE TRÄUME WAHR.
EIN PAAR JAHRE SPÄTER BEKAM ICH DIE CHANCE, *WONDER WOMAN* ZU SCHREIBEN UND ZU ZEICHNEN.
ICH KANN NICHT IN WORTE FASSEN, WAS DAS FÜR MICH BEDEUTETE. SIE WAR DER *GRUND*, WARUM ICH COMICS ZEICHNEN WOLLTE.
DOCH DANN ERFUHR ICH, DASS ICH KÖNIGIN HIPPOLYTA IN EINEM CROSSOVER-EVENT TÖTEN SOLLTE.
UND DABEI AUCH NOCH THEMYSCIRA ZERSTÖREN SOLLTE.
ICH WAR ENTSCHLOSSEN, DEM PARADIES EIN „RESPEKTVOLLES“ ENDE ZU GEBEN. EINEN ANGEMESSENEN UND WÜRDIGEN ABSCHIED.
DENNOCH HALF ICH DABEI, EIN-- *MEIN* ... QUEERES UTOPIA ZU ZERSTÖREN, ALS DIE WELT ES AM MEISTEN BRAUCHTE.
ALS *ICH* ES AM MEISTEN BRAUCHTE.

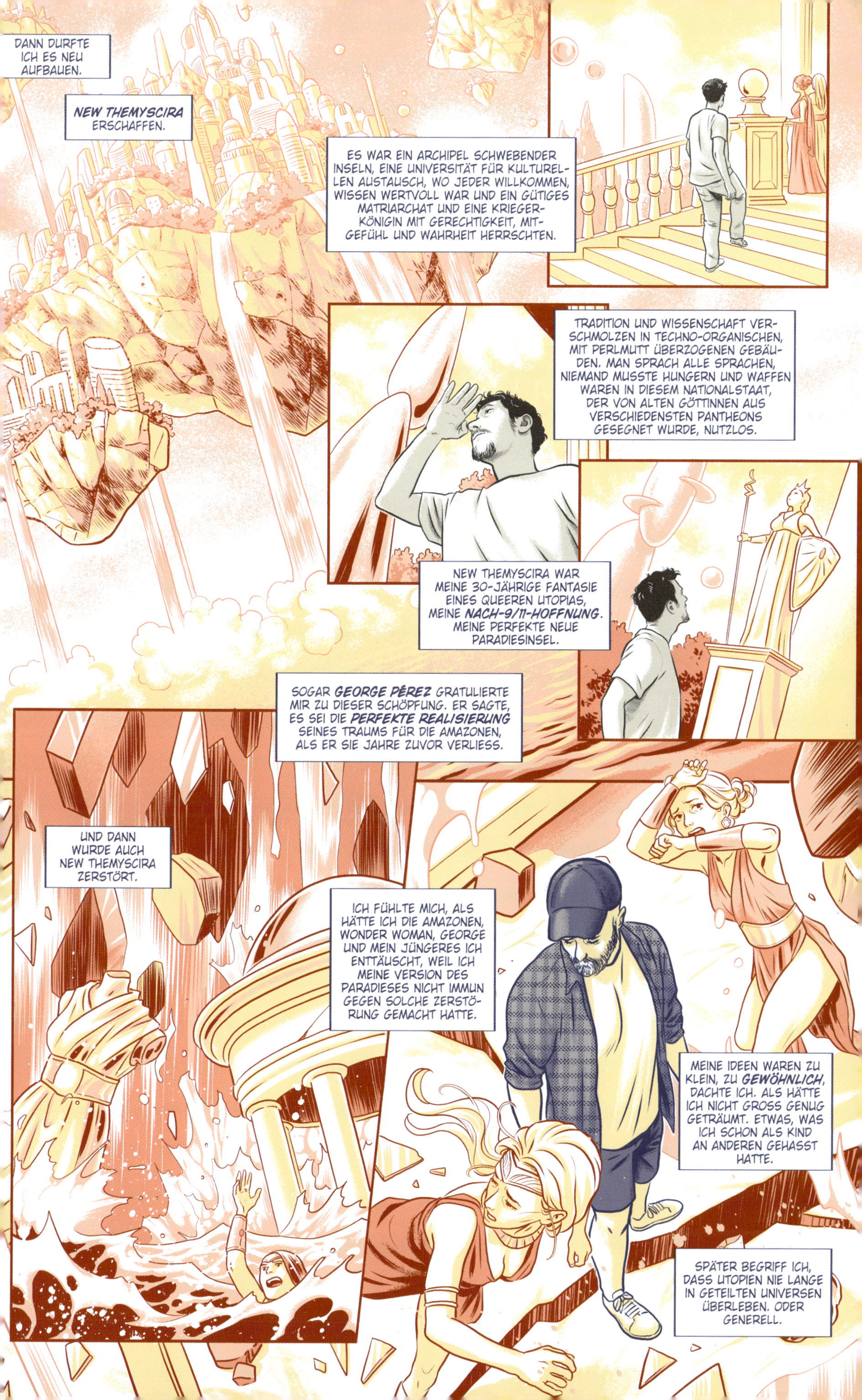
DANN DURFTE ICH ES NEU AUFBAUEN.
NEW THEMYSCIRA ERSCHAFFEN.
ES WAR EIN ARCHIPEL SCHWEBENDER INSELN, EINE UNIVERSITÄT FÜR KULTURELLEN AUSTAUSCH, WO JEDER WILLKOMMEN, WISSEN WERTVOLL WAR UND EIN GÜTIGES MATRIARCHAT UND EINE KRIEGERKÖNIGIN MIT GERECHTIGKEIT, MITGEFÜHL UND WAHRHEIT HERRSCHTEN.
TRADITION UND WISSENSCHAFT VERSCHMOLZEN IN TECHNO-ORGANISCHEN, MIT PERLMUTT ÜBERZOGENEN GEBÄUDEN. MAN SPRACH ALLE SPRACHEN, NIEMAND MUSSTE HUNGERN UND WAFFEN WAREN IN DIESEM NATIONALSTAAT, DER VON ALTEN GÖTTINNEN AUS VERSCHIEDENSTEN PANTHEONS GESEGNET WURDE, NUTZLOS.
NEW THEMYSCIRA WAR MEINE 30-JÄHRIGE FANTASIE EINES QUEEREN UTOPIAS, MEINE NACH-9/11-HOFFNUNG. MEINE PERFEKTE NEUE PARADIESINSEL.
SOGAR GEORGE PÉREZ GRATULIERTE MIR ZU DIESER SCHÖPFUNG. ER SAGTE, ES SEI DIE PERFEKTE REALISIERUNG SEINES TRAUMS FÜR DIE AMAZONEN, ALS ER SIE JAHRE ZUVOR VERLIESS.
UND DANN WURDE AUCH NEW THEMYSCIRA ZERSTÖRT.
ICH FÜHLTE MICH, ALS HÄTTE ICH DIE AMAZONEN, WONDER WOMAN, GEORGE UND MEIN JÜNGERES ICH ENTTÄUSCHT, WEIL ICH MEINE VERSION DES PARADIESES NICHT IMMUN GEGEN SOLCHE ZERSTÖRUNG GEMACHT HATTE.
MEINE IDEEN WAREN ZU KLEIN, ZU GEWÖHNLICH, DACHTE ICH. ALS HÄTTE ICH NICHT GROSS GENUG GETRÄUMT. ETWAS, WAS ICH SCHON ALS KIND AN ANDEREN GEHASST HATTE.
SPÄTER BEGRIFF ICH, DASS UTOPIEN NIE LANGE IN GETEILTEN UNIVERSEN ÜBERLEBEN. ODER GENERELL.

ICH GLAUBE, VIELE HABEN MISSVERSTANDEN, WAS ICH MIT NEW THEMYSCIRA ERREICHEN WOLLTE.
ES GING NICHT DARUM, EINEN KONFLIKTFREIEN ORT ZU ERSCHAFFEN.
ICH VERSUCHTE, EIN GEFÜHL EINZUFANGEN UND ES SO AUSZUDRÜCKEN, WIE ICH ES DAMALS KONNTE.
BARBIE IST FÜR DAS BAT-HÖHLEN-SPIELSET ZU GROSS, ALSO BRAUCHT SIE EINEN SCHRUMPFSTRAHL, UM DA REINZUKOMMEN.
ALS KIND VERSUCHTE ICH, DIE BESTEN TEILE ALL MEINER LIEBLINGSORTE IN EINEM RIESIGEN ZUSAMMENGESTÜCKELTEN GEFLECHT ZU VEREINEN. EINE PRÄCHTIGE, ZUSAMMENGEKLEBTE ***MOSAIKWELT***.
MANCHE ORTE GAB ES WIRKLICH. ANDERE NICHT. ES SPIELTE KEINE ROLLE, OB SIE TATSÄCHLICH ZUSAMMENPASSTEN ODER NICHT.
ICH DACHTE STÄNDIG ÜBER DIE LOGISTISCHEN UND PHYSIKALISCHEN FRAGEN DAHINTER NACH.
DIE UNTERSCHIEDE WAREN NUR ZU LÖSENDE RÄTSEL.
ABER ES WAR EIN ORT, AN DEM NIEMAND JEMAND ANDEREM SCHADETE, NUR WEIL MAN QUEER WAR.
UND DESSEN BEWOHNER VERSTANDEN, WAS FÜR EIN GESCHENK ES WAR, DIE WELT DURCH QUEERE AUGEN ZU SEHEN.
DAS, WAS DU DA MACHST …
… NENNT M EINEN PAR KOSMOS

DAS HABE ICH BEI MEINEN NACHFORSCHUNGEN FÜR DIESES SKRIPT HERAUSGEFUNDEN. VIELE KINDER WIE ***WIR*** MACHEN SO WAS.
DENK DRAN, JEDES MAL, WENN DU IN DIESE VERRÜCKTEN KLEINEN WELTEN FLÜCHTEST, DIE DU ERFINDEST ...
... DU WIRST SIE ***FINDEN***. DIESE MAGISCHEN ORTE, NACH DENEN DU DICH SEHNST.
DU WIRST SIE FINDEN, WIEDER UND WIEDER.
UND DU WIRST NICHT GLAUBEN, DASS DU DIESES GEFÜHL HABEN WIRST ... VON ***GRENZENLOSEN MÖGLICHKEITEN. ZUFRIEDENHEIT.***
ES WIRD ZEITEN GEBEN, IN DENEN SICH DIE REALE WELT SO ***DÜSTER*** ANFÜHLT. UND DU WIRST DICH FRAGEN, OB SIE ES DEN VERSUCH WERT IST, ETWAS BESSER MACHEN ZU WOLLEN.
UND DANN WIRST DU DICH AN ALL DAS ***GUTE*** ERINNERN, WAS MENSCHEN FÜR DICH GETAN HABEN. WIE VIEL ***GLÜCK*** DU HATTEST.
AN ALL DIESE ***MAGISCHEN ORTE***, DIE SIE FÜR DICH GESCHAFFEN HABEN.
WIE SIE DIR GEHOLFEN HABEN, ZU ***ÜBERLEBEN***.
UND WEISST DU, WAS? ***DU*** WIRST ***DASSELBE*** TUN.
DU WIRST FÜR DIESE ORTE KÄMPFEN, WEIL LEUTE WIE WIR SIE BRAUCHEN. UND DU WIRST DEINE GESCHICHTEN ERZÄHLEN UND TEILE DEINER SEELE IN SIE STECKEN. DU WIRST DEIN BESTES TUN, UM ANDEREN ZU GEBEN, WAS DIR GEGEBEN WURDE.
UND WENN DU-- ***WIR*** ... ES RICHTIG MACHEN, KRIEGEN WIR MILLIONEN VERSIONEN VOM PARADIES.
NOCH STRAHLENDER, EINLADENDER, EINFALLSREICHER UND QUEERER ALS ALLES, WAS WIR UNS JETZT ERTRÄUMEN KÖNNEN.

DAS IST UNSERE AUFGABE.
DAS MINDESTE, WAS WIR TUN KÖNNEN.
VERGISS DAS NICHT, OKAY?
DU REDEST VIEL.
UND DU ISST ZU VIELE TORTILLAS.
DU ISST ZU VIELE TORTILLAS.
LASS MAL SEHEN.
ALS KIND ERSCHUF ICH AUFWENDIGE PARAKOSMEN … WUNDERSCHÖNE, UTOPISCHE MOSAIKE, IN DENEN DAS, WAS UNS ANDERS MACHTE, UNS DAZUGEHÖREN LIESS.
ICH HATTE GLÜCK.
ICH FAND MEINE UTOPIEN. MENSCHEN ERSCHUFEN SIE FÜR MICH UND FÜHRTEN MICH ZU IHNEN, ABSICHTLICH ODER NICHT. OBWOHL WIR UNS NICHT KANNTEN.
UND ICH DURFTE SOGAR MEINE EIGENEN MACHEN.
DARIN KONNTE ICH GESCHICHTEN ERSCHAFFEN, DIE EINE GENERATION ÜBERDAUERTEN. ICH FAND SINN, ALS ICH DACHTE, ES GEBE KEINEN MEHR. ICH KONNTE LIEBEN, WEN UND WIE ICH WOLLTE.
SIE WAREN NICHT PERFEKT.
ABER DAS REINSTE PARADIES.
END

VARIANT-COVER-GALERIE

EINE AUSWAHL DER BESTEN DC-COVER ZUM THEMA PRIDE

ACTION COMICS #1044
Variant-Cover von DEREK CHARM

DC PRIDE: TIM DRAKE SPECIAL #1
Variant-Cover von TRAVIS MOORE

HARLEY QUINN #16
Variant-Cover von OLIVIER COIPEL

POISON IVY #1
Variant-Cover von KRIS ANKA

DC PRIDE 2022 #1
Variant-Cover von JOSHUA SWABY

SWAYART

DC PRIDE 2023 #1
Variant-Cover von GABRIEL PICOLO

@PRIDE 2023!

GREEN ARROW #3
Variant-Cover von LUCIANO VECCHIO

ADVENTURES OF SUPERMAN: JON KENT #4
Variant-Cover von STEPHEN BYRNE

HARLEY QUINN #31
Variant-Cover von CLAIRE ROE

POISON IVY #13
Variant-Cover von CLAIRE ROE

LAZARUS PLANET: OMEGA #1
Variant-Cover von JEN BARTEL

DC PRIDE 2023 #1
Variant-Cover von **JEN BARTEL**

DC PRIDE 2024 #1
Variant-Cover von DAVID TALASKI

DAS KREATIV-TEAM

GRANT MORRISON zählt zu den versiertesten Comic-Schaffenden der Moderne. Neben revolutionären Werken wie *Animal Man* oder *Batman: Arkham Asylum* schrieb dey auch Comic-Hits wie *JLA*, *Batman & Robin* und *Final Crisis* sowie das Sachbuch *Superhelden: Was wir Menschen von Superman, Batman, Wonder Woman & Co. lernen können.*

AL EWING ist ein britischer Comic-Autor, der hauptsächlich renommierte Marvel-Serien wie *Venom*, *Avengers*, *Thor* und *Bruce Banner: Hulk* geschrieben hat.

KEVIN CONROY war ein US-amerikanischer Schauspieler und Synchronsprecher, der vor allem als Stimme von Batman in zahlreichen Zeichentrickserien, Animationsfilmen und Computerspielen Bekanntheit erlangte.

PHIL JIMENEZ arbeitete für DC an *Tempest* und *Team Titans*, seine bekanntesten Projekte sind jedoch *Infinite Crisis* und *Wonder Woman*, das er sowohl schrieb als auch zeichnete.

DEVIN GRAYSON ist eine US-amerikanische Roman- und Comic-Autorin, die lange Strecken an DC-Serien wie *Catwoman*, *Batman: Gotham Knights* und *Nightwing* geschrieben hat.

NICK ROBLES ist ein freischaffender Grafiker aus den USA, der vor allem digital zeichnet und für Verlage wie BOOM! Studios, Dark Horse Comics und DC tätig ist.

RO STEIN & TED BRANDT sind ein Cartoonisten-Duo aus England, das auch in den USA bereits für Verlage wie Image Comics, Valiant Comics und Marvel tätig war.

ALYSSA WONG schreibt preisgekrönte Comics, Romane und Spiele und hat für DC Storys mit Batwoman und Wonder Woman verfasst.

W. SCOTT FORBES ist ein Comic-Künstler und Illustrator, der für Marvel und DC hauptsächlich als Cover-Zeichner tätig ist.

STEPHANIE PHILLIPS ist eine US-Autorin mit einem Doktortitel in Rhetorik und Komposition, die für DC Titel wie *Harley Quinn*, *Batman: Legends of the Dark Knight* und *Die sensationelle Wonder Woman* geschrieben hat.

SAMANTHA DODGE ist Illustratorin, Konzept-Designerin und Comic-Zeichnerin, deren Arbeit an *Catwoman: Soulstealer - Gefährliches Spiel* gefeiert wurde.

TRAVIS MOORE ist ein Comic-Zeichner, dessen bekannteste Arbeiten *Nightwing*, *Wonder Woman*, *Batman* und die Vertigo-Serie *Fables: The Wolf among Us - Der Wolf geht um* sind.

DANI FERNANDEZ ist Autorin, Moderatorin, Comedian und Podcasterin, die in den diversesten Medien ihre Liebe für alles Nerdige zum Beruf gemacht hat.

ZOE THOROGOOD ist eine britische Comic-Künstlerin, deren bekannteste Arbeiten *The Impending Blindness of Billie Scott* und die preisgekrönte, autobiografische Graphic Novel *It's Lonely at the Centre of the Earth* sind.

J. BONE ist ein für den Eisner Award nominierter kanadischer Comic-Autor und -Zeichner, der neben diversen *Rocketeer*-Ausgaben für IDW für DC *Batman: The Brave and the Bold* und *Super Friends* bebildert hat.

HAYDEN SHERMAN ist ein preisgekrönter Comic-Zeichner, der nach seiner Eigenschöpfung *The Few* und der Sci-Fi-Serie *Wasted Space* für DC *Batman - Detective Comics* und *Absolute Wonder Woman* illustriert hat.

MEGHAN FITZMARTIN ist eine preisgekrönte Autorin, die Drehbücher für TV-Serien wie *Supernatural* und Animationsfilme wie *DC Super Hero Girls* schrieb. Für DC arbeitete sie an *Batman: Urban Legends* und *Tim Drake: Robin.*

BELÉN ORTEGA ist eine Comic-Illustratorin, die mit Arbeiten auf dem europäischen Comic-Markt ins Business einstieg und als erste spanische Zeichnerin an Titeln mit Spider-Man und Batman Comic-Geschichte geschrieben hat.

ALBERTO JIMENEZ ALBURQUERQUE ist ein spanischer Comic-Zeichner, der vielfältige Illustrationen für den europäischen Comic-Markt angefertigt und jüngst auch Comics für IDW, Dark Horse Comics und Marvel abgeliefert hat.

LEAH WILLIAMS schreibt seit Neuestem die Abenteuer von *Power Girl* für DC. Davor war die US-Autorin an Titeln wie *X-Factor* und *Amazing Mary Jane* für Marvel tätig.

PAULINA GANUCHEAU ist eine Comic-Künstlerin und -Autorin, die vor allem als Schöpferin von *Lemon Bird: Can Help!* und Co-Schöpferin von *Zodiac Starforce* bekannt ist. Für DC hat sie *Wonder Woman: The Adventures of Young Diana* gezeichnet.

NADIA SHAMMAS ist eine palästinensisch-amerikanische Comic- und Game-Autorin, die nach den Eigenschöpfungen *Squire* und *Where Black Stars Rise* Storys für *Batman - Detective Comics* und *Wonder Woman: Schwarz und Gold* verfasst hat.

MAX SARIN ist eine finnische Illustratorin, die für ihre Arbeit an der Eisner Award-nominierten Serie *Giant Days* bekannt ist. Danach war sie für DC u. a. an *Harley Quinn* beteiligt.

STEPHEN BYRNE ist ein irischer Künstler, der in den Genres Animation, Comics, Videogames und TV tätig ist. Für DC illustrierte er *Green Arrow* und *Wonder Twins.*

NGOZI UKAZU ist eine US-amerikanische Autorin und Cartoonistin, die nach *Check, Please!* und *Bunt!* für DC die Graphic Novel *Barda* erschaffen hat.

JARRETT WILLIAMS ist ein US-amerikanischer Comic-Zeichner, der die Graphic Novel-Serie *Super Pro K.O.!* erschaffen und *Rick and Morty: Worlds Apart* gezeichnet hat.

GIULIO MACAIONE ist ein italienischer Comic-Zeichner, der nach Arbeiten für europäische Verlage mit *Alice: From Dream to Dream* und *F***ing Sakura* neue Märkte erschloss.